新時代の幼児教育と幼稚園

——理念・戦略・実践——

伊藤 良高 著

晃 洋 書 房

はしがき──幼児教育の基本問題──

　現代日本の教育をめぐる動向は、実にめまぐるしい。変化がとても早いのである。21世紀に入る頃から、教育改革は国政の最重要課題の1つと位置づけられ、「今や学校は、総過程で、変革を要求されている」という指摘もなされるほど、様々な教育改革案やプログラムに満ち溢れている。

　こうした傾向は今日も続いており、最近の文部科学省文書によれば、「今後、知識基盤社会の進展や国内外における競争の激化など社会が大きく変化していく中で、個人が幸福で充実した生涯を実現する上でも、また、我が国が一層の発展を遂げ、国際社会に貢献していく上でも、その礎となるのは人づくり、すなわち教育である。約60年ぶりに改正された教育基本法の理念の実現に向け、我が国は今改めて『教育立国』を目指し、我が国の未来を切り拓く教育の振興に政府全体で取り組んでいく必要がある」（文部科学省「教育振興基本計画」2008年7月）と述べている。

　「教育の構造改革」または「教育再生」「教育立国」などと名打たれた今次教育改革は、新しい時代の教育の基本理念もしくは人間像として、① 知・徳・体の調和がとれ、生涯にわたって自己実現を目指す自立した人間、② 公共の精神を尊び、国家・社会の形成に主体的に参画する国民、③ 我が国の伝統と文化を基盤として国際社会を生きる日本人、の育成をめざすとしている。そして、今後おおむね10年間を通じてめざすべき教育の姿として、① 義務教育修了までに、すべての子どもに、自立して社会で生きていく基礎を育てる、② 社会を支え、発展させるとともに、国際社会をリードする人材を育てる、の2つを掲げている。こうしたなかで、幼児教育・幼稚園教育においても、初等中等教育の一環ないし義務教育制度に接続するものとして、これまでにはなかった（ありえなかった）ものも含めて多種多様な改革案が提起され、それらの多く

は具体化されつつある。

　周知のごとく、幼児教育をめぐる今日的な課題として、主に、以下の3つが指摘されている。

　1つは、従来に比べて子どもの育ちが何かおかしいのではないかという子どもの成長に関する懸念である。基本的な生活習慣や態度が育っていない、他者とのかかわりが苦手である、自制心や耐性、規範意識が十分育っていない、運動能力が低下している、小学校1年生などの教室において、学習に集中できない・教員の話が聞けずに授業が成立しないなど学級がうまく機能していない状況がある、などの課題が指摘されている。

　2つは、地域社会の教育力・子育て力の低下である。都市化や情報化の進展によって、子どもの生活空間のなかに自然や広場などといった遊び場が少なくなる一方で、テレビゲームやインターネット等の室内の遊びが増えるなど、偏った体験を余儀なくされている。さらに、近隣の人間関係の希薄化等により、地域社会の大人が地域の子どもの育ちに関心を払わず、積極的にかかわろうとしない、または、かかわりたくてもかかわり方を知らないといった傾向が見られる。

　そして、3つは、家庭の教育力・子育て力の低下である。過保護や過干渉、育児不安、児童虐待、乳幼児の遺棄など、保護者と子どもとの関係構築に関する問題が指摘されている。また、女性の社会進出が一般的になり、その形態も多様化してきている。仕事と生活との調和（ワーク・ライフ・バランス）のための支援も進められつつあるが、子育て期間については「自分にとってハンディキャップではないか」と感じてしまう保護者もいるとの指摘もある。

　このように、子どもと家庭を取り巻く環境は、少子化、核家族化、都市化・過疎化、国際化、情報化、女性の社会進出など急速に変化してきており、これらの変化を背景として、保護者や地域社会の幼児教育・幼稚園に対するニーズも多様化・複雑化してきている。また、2006年12月、教育基本法が全部改正され、新時代における教育の基本理念が示されるなかで、生涯にわたる人格形成

の基礎を培う幼児（期）教育のより一層の重要性が指摘されている。そして、それらのなかで、幼稚園・保育所・認定こども園等の保育施設には、幼児教育の中核としての役割を担い、家庭、地域社会と連携しつつ、幼児教育全体の質的向上を図っていくことが求められている。2008年3月、生きる力の基礎を育成することや、豊かな心と体を育成することを基本的なねらいとして、文部科学省「幼稚園教育要領」が改訂（2008年3月。施行は2009年4月）されたが、幼稚園教育や子育て支援におけるさらなる充実発展が期されている。

本書は、新時代の幼児教育と幼稚園をめざして、その基本的な理念、経営戦略、保育実践、子育て支援のあり方を考察することを目的としたものである。とりわけ、「教育マネジメント」（教育経営）という側面から、新時代の幼児教育・幼稚園に求められる理念・戦略・実践のグランドデザインを構想し、保護者、幼児教育者、園経営者、幼児教育行政職員がそれぞれ踏まえるべきミニマムスタンダードや幼児教育の改善・改革のための具体的な方策・取組を提唱していきたいと考えている。

本書の構成は、次のようになっている。

第1章「新時代の幼児教育――理念と構造――」は、新時代の幼児教育の理念と構造について、子ども・保護者・保育者（幼児教育者を含む）の「権利」という側面から考察することを目的としている。

第2章「私立幼稚園経営の現状と課題」は、現代の幼稚園政策や幼稚園教育の動向を踏まえながら、私立幼稚園経営の現状と課題について考察することを目的としている。

第3章「幼稚園制度・経営改革と私立幼稚園」は、現代幼稚園制度・経営改革の展開及び幼稚園経営をめぐる最近のトピックを私立幼稚園の側面から考察することを目的としている。

第4章「幼稚園・保育所の一体化・一元化と私立幼稚園」は、幼稚園・保育所の一体化・一元化の動向を私立幼稚園の側面から考察することを目的としている。

第5章「認定こども園制度と幼児教育・保育行政の連携」は、認定こども園制度を中心に、近年における幼児教育・保育行政の連携をめぐる動向について考察することを目的としている。

　第6章「私立幼稚園経営改革と園経営者の経営能力」は、私立幼稚園経営改革における園経営者（ここでは、園長）の役割と経営能力について考察することを目的としている。

　第7章「『親と子が共に育つ』視点に立った幼稚園経営──当面する改革の課題と展望──」は、「親と子が共に育つ」幼稚園経営という視点から、現代幼稚園経営が当面する改革の課題と展望について考察することを目的としている。

　筆者は、これまでに幼児教育・幼稚園研究の一環として、『幼児教育の明日を拓く幼稚園経営──視点と課題──』（北樹出版、2004年）を上梓しているが、本書はそれに続く第二弾にあたるものである。相変らず未熟な内容であるが、今後、さらに、保育現場に貢献すべき研究へのステップボードにしたいと考えている。

　最後になったが、本書の出版を快諾された晃洋書房の上田芳樹社長と、編集の労をとって下さった丸井清泰氏、丁寧な校正をして下さった福岡優子さんに心から御礼を申し上げたい。

　　2009年2月20日

　　　　　　　　　　　　　　　　　　　　　　　　　　　伊　藤　良　高

目　　次

はしがき——幼児教育の基本問題——

第1章　新時代の幼児教育——理念と構造—— …………………… *1*
　1　戦後幼児教育の理念と展開　(*1*)
　2　新しい「幼児教育」概念の提唱　(*4*)
　3　教育基本法・学校教育法と幼児（期）教育　(*6*)
　4　子ども・保護者・保育者の「権利」としての幼児教育　(*9*)
　　　　——課題と展望——

第2章　私立幼稚園経営の現状と課題 …………………… *13*
　は じ め に——これまでにない大きな改革の渦中にある幼稚園——　(*13*)
　1　幼稚園を取り巻く環境の変化と幼稚園教育　(*14*)
　2　私立幼稚園経営の現状と問題点　(*16*)
　3　私立幼稚園経営をめぐる改革課題　(*19*)

第3章　幼稚園制度・経営改革と私立幼稚園 …………………… *25*
　は じ め に——私立幼稚園に明日はあるか——　(*25*)
　1　現代幼稚園制度・経営改革の動向　(*26*)
　2　私立幼稚園経営をめぐる3つのトピック　(*29*)
　　(1)　幼稚園における子育て支援活動　(*29*)
　　(2)　幼稚園・保育所・小学校の連携　(*31*)
　　(3)　幼稚園における自己評価・第三者評価と情報提供・公開　(*33*)

第4章 幼稚園・保育所の一体化・一元化と私立幼稚園 ……………… 37
はじめに——総合施設の制度化でどうなる、どうする？——　(37)
1　幼稚園・保育所の一体化・一元化の動向　(38)
2　総合施設の特徴と問題点　(40)
3　私立幼稚園にもたらす効果と今後の課題　(43)
おわりに——幼児教育の無償化・義務化論にふれて——　(45)

第5章 認定こども園制度と幼児教育・保育行政の連携 ……………… 47
はじめに　(47)
1　幼稚園・保育所の一体化・一元化と認定こども園の創設　(48)
2　認定こども園制度に係る関係機関の連携協力　(53)
3　幼児教育・保育行政をめぐる論点と課題　(57)

第6章 私立幼稚園経営改革と園経営者の経営能力 …………… 63
はじめに——私立幼稚園経営は園経営者で決まる——　(63)
1　私立幼稚園経営改革の理念と構造　(64)
2　私立幼稚園経営改革における園経営者の役割　(66)
3　園経営者に求められる経営能力　(69)
おわりに——「親と子が共に育つ」視点に立った幼稚園経営を——　(71)

第7章 「親と子が共に育つ」視点に立った幼稚園経営
　　　　——当面する改革の課題と展望—— ……………………………… 75
はじめに——提言の背景と視点——　(75)
1　教育改革の優先課題としての幼児教育　(77)
2　「親と子が共に育つ」視点に立った幼稚園経営　(79)
　　　　——キーワードは「子どもの最善の利益」「保育経営」「保育自治」——
　(1)「子どもの最善の利益」と幼稚園経営　(79)

(2)　「保育経営」「保育自治」と幼稚園経営　(81)
　3　当面する改革の課題と展望　(84)
　　(1)　幼稚園教育の質的向上と幼稚園の教育環境の整備確立　(84)
　　(2)　地域保育経営の視点に立った公的保育制度の整備拡充　(85)
　　(3)　園経営・法人経営における幼児教育関係者の参加・協働の推進　(87)
　おわりに——提言のまとめ——　(88)

あ と が き　(91)
索　　引　(93)

第1章

新時代の幼児教育——理念と構造——

　近年、超少子・高齢化の進展のなかで、次代の社会を担う人材の育成が重要な課題とされ、生涯にわたる人間形成の基礎を培う幼児（期）教育のより一層の重要性が指摘されている。そして、そのなかで、幼稚園・保育所・認定こども園等の保育施設には、幼児教育の中核としての役割を担い、家庭、地域社会と連携しつつ、幼児教育全体の質的向上を図っていくことが求められている。

　本章では、新時代の幼児教育が期されている今日にあって、戦後幼児教育の理念と展開をトレースしつつ、近年、提唱されている新しい「幼児教育」概念とはいかなるものであるか、教育基本法や学校教育法において幼児（期）教育はどのように位置づけられているか、また、子ども・保護者・保育者の「権利」という側面から、何が課題となっているかについて論じていきたい。

1　戦後幼児教育の理念と展開

　戦後日本の幼児教育は、1947年3月の教育基本法（旧法。以下、「旧・教育基本法」と表記）及び学校教育法並びに同年12月の児童福祉法の制定・公布によって新たな第一歩を踏み出した。"民主的で文化的な国家を建設して、世界の平和と人類の福祉に貢献する"という日本国憲法の理想を実現するために、旧・教育基本法第1条は、「人格の完成」をめざし、「心身ともに健康な国民」を育成していかなければならないという教育の理念・目的を掲げた。また、憲法第26条の「教育を受ける権利」を踏まえ、同第3条は、就学前の子ども（乳幼児）を含むすべての国民に対して、ひとしく教育を受ける機会を保障するという原

則を示した。その教育は、学校教育のみに限られず、「あらゆる機会に、あらゆる場所において実現されなければならない」(同第2条)とされた。保育施設として、幼稚園は、学校の一種と位置づけられ、「幼児を保育し、適当な環境を与えて、その心身の発達を助長することを目的とする」(学校教育法第77条)とされた。これにより、幼稚園は、子どもの発達を助け導く独自の幼児教育機関としての性格が明確にされた。また、保育所については、児童福祉施設の一種とされ、「日日保護者の委託を受けて、その乳児又は幼児を保育することを目的とする」(児童福祉法第39条)と規定された。ここにおいて、保育所は、地域におけるすべての子ども・子育て家庭に開かれた施設として、①乳幼児の環境保護、②集団保育による乳幼児の成長・発達の権利保障、③乳幼児の福祉を増進する基盤としての女性の労働権・社会参加権保障、人間性の尊重確立、がめざされた。幼稚園と保育所の一元化を求める声が保育・幼児教育関係者の間で高まったものの、学校教育法・児童福祉法の国会審議において将来の課題とされ、保育制度の二元的構造は基本的に維持されることになった。

　1950年代になると、政令改正諮問委員会の「教育制度の改革に関する答申」(1951年11月)を契機に、教育内容の国家統制強化や学校制度の多様化など教育制度の再編成が進められ、一連の施策の展開は、幼児教育にも大きな影響を及ぼした。ある論者の表現によれば、「保育所と幼稚園との分断、福祉と教育との分断、受益者負担の強化を柱にした安上がり政策の確立」[1]という方向であるが、保育所運営経費の支出方法の変更(1950～1952年度。地方交付税平衡交付金制度の導入)や児童福祉法第39条の改正(1951年。保育所の対象を「保育に欠ける」子どもに限定)、文部省「幼稚園教育要領」の刊行(1956年2月。同年4月実施)、幼稚園設置基準の制定(1956年12月)などが行われた。保育所と幼稚園の違いが強調され、以降、幼稚園界では「保育」に代えて「教育」という言葉が用いられるようになった。

　1960年代の「高度経済成長」期には、「人づくり」政策を背景として、幼稚園・保育所について一定の量的拡大が図られた。1963年の「幼稚園教育振興計

画」や1966年の「保育所緊急整備5か年計画」などにより、幼稚園・保育所の園数、在園児数、就園（在籍）率は大幅に増大した。しかし、公立幼稚園の増設は目標の半分に留まり、私立幼稚園への依存が強まった。保育所についても、「3歳までは母親が家庭で」という考え方が根強く、保育ニーズの高まりに十分対応できなかった。全国で保育所づくり運動が展開され、社会福祉法人立保育所や共同保育所が設立された。保育内容の領域では、「幼稚園教育要領」が改訂され（1964年3月。同年4月施行）、国家的基準として法的拘束力が付与された。また、保育所について、別途、厚生省「保育所保育指針」が通知施行された（1965年8月）。

1970年代には、文部省・中央教育審議会の「今後における学校教育の総合的な拡充整備のための基本的施策について」（1971年6月）に端を発する国家主義的・能力主義的学校制度改革が展開された。幼児教育については、「4、5歳児から小学校低学年の児童まで」を一貫教育する「幼児学校」構想や幼稚園教育の積極的な普及充実、保育所における幼稚園教育への準拠などが提起された。1971年の「第2次幼稚園教育振興計画」「第2次保育所緊急整備5か年計画」などが策定され、乳児保育特別対策の充実や障害児保育特別事業への国庫補助、私立学校振興助成法による法人幼稚園経常費補助などが図られた。

1980年代になると、低成長経済への転換や長期にわたる不況による国家・地方財政の逼迫を背景に、臨時行政調査会・臨時行政改革推進審議会による臨調行革及び臨時教育審議会主導の教育改革が推進され、教育・福祉の民営化と規制緩和の動きが広がった。保育所の費用徴収基準の強化や保育所の新設抑制、公立保育所運営の民間委託、幼稚園就園奨励費の所得制限の適正化などの施策が実施された。しかし、1989年の「1.57ショック」（合計特殊出生率がそれまで丙午のため最低であった1966年の数値を下回ったこと）を契機に、少子化が社会問題化し、以後、各種の保育サービスや地域子育て支援策が展開されるようになる。

1990年代〜2000年代には、少子高齢化・人口減少を背景とした新自由主義に基づく社会福祉改革・教育改革の下で、さらなる規制緩和・改革が提起されて

いる。国・自治体の公的責任が大幅に縮減される動きのなかで、保育・幼児教育への競争原理の導入や民間企業等多様な経営主体の市場参入が急速に推し進められている。1990年代後半から、地域行政の総合化や施設運営の効率化をスローガンに、幼稚園と保育所の施設の共用化などが課題とされ、総合施設「認定こども園」が制度化（2006年10月）されるとともに、幼稚園と保育所の一元化が新たな注目を浴びている。他方、幼児教育の重要性が唱えられるなかで、2008年3月、「幼稚園教育要領」及び「保育所保育指針」が改訂（定）され、幼稚園・保育所における教育機能の充実がめざされている。また、同年7月には、文部科学省「教育振興基本計画」が策定され、幼児教育領域では、認定こども園の活用や幼児教育全体の質向上などが課題とされている。また、次世代育成支援という視点から、すべての子どもと子育て家庭を社会総ぐるみで応援していくことの大切さが提唱されている。

2　新しい「幼児教育」概念の提唱

ポピュラーに普及しているある保育用語辞典は、「幼児教育」について、「幼児を対象とする教育のこと。幼児とは広義には出生から小学校就学までの乳幼児すべてを意味するが、厳密には乳児を除いた1歳以降就学までの幼児を指す。したがって、幼児教育という用語は、教育の対象に即して教育の態様を規定したことばであり、内容的には就学前教育と一致する」[2]と定義づけている。また、「就学前教育」について、「子どもが義務教育を受け始める以前に受ける教育をいう。それは出生に始まり、就学に終わる。広義にはこの時期に行われる一切の教育を意味するが、狭義には幼稚園や保育所などの集団施設保育に限定して用いられている。"保育"や"幼児教育"と同義語に用いられることもある」[3]と記している。これらにおいては、幼児教育が、小学校就学前のすべての子どもの教育をさしていることや、広義・狭義の2つの意味あいがあること、また、幼児教育・就学前教育・保育という概念は基本において一致するものであるこ

とが示されている。こうしたとらえ方は、今日、幼児教育学・保育学において一般的に承認されるものとなっている。

　小学校就学に至るまでの乳幼児期（以下、単に、幼児期と表記）の教育は、前述の憲法や教育基本法でいう教育であることはいうまでもないことから、乳幼児に対する幼児教育の保障は、まずは、教育の保障の問題として考えなければならない。しかし、同時に、特別に繊細で傷つきやすい危機的な時期である乳幼児に対する教育には、一般に保護または養護が含まれることから、幼児教育の問題は、子どもの生存・生活の保障、あるいは、養護的機能をより多く含む保育的配慮という側面からもとらえておく必要がある。日本において、「保育」という言葉が、就学前教育・幼児教育とは別に、幼児期の教育の特性をよく表すものとして長らく言い慣らわされてきた所以である。[4]

　近年、幼児教育の重要性が指摘され、幼稚園教育及び幼稚園制度に関する議論や改革が盛んに行われている。例えば、文部科学省「幼児教育の充実に向けて（報告）」（2000年2月）及びそれを踏まえて策定された「幼児教育振興プログラム」（同年3月）、さらには、同・中央教育審議会「子どもを取り巻く環境の変化を踏まえた今後の幼児教育の在り方について（答申）」（2005年1月。以下、2005年中教審答申と略）において、幼稚園は学校制度の一環をなす「幼児教育の専門施設」として位置づけられ、幼児教育を組織的・計画的に行う場としての幼稚園の基本を生かすなかで、地域の幼児教育センターとしての子育て支援機能を活用し、「親と子の育ちの場」としての役割・機能を充実することが求められている。とりわけ、2005年中教審答申は、新しい「幼児教育」概念を提唱し、「子どもの最善の利益」のためにあるべき今後の幼児教育の取組の方向性や具体的施策を提起している点で注目される。

　同答申において、「幼児教育」は、「幼児に対する教育を意味し、幼児が生活するすべての場において行われる教育を総称したもの」であり、「具体的には、幼稚園における教育、保育所等における教育、家庭における教育、地域社会における教育を含み得る、広がりを持った概念」としてとらえられ、幼稚園等施

設(保育所を含む)が中核となって家庭や地域社会の教育力を再生・向上させるとともに、幼児教育と小学校教育との接続など幼稚園等施設の教育機能を強化し、拡大していくことが必要であると指摘されている。そして、①家庭・地域社会・幼稚園等施設の三者による総合的な幼児教育の推進、②幼児の生活の連続性及び発達や学びの連続性を踏まえた幼児教育の充実という2つの方向性から取組を進めていくことを提唱している。ある論者の表現に従えば、この新しい幼児教育のイメージは、「幼児の生活・学び・育ちのヨコ(空間・領域)とタテ(小学校との連続的発達)の関係性をともに含み込み、かつそれらを重視する"幼児教育ネットワーク"として幼児教育を再認識することに他ならない」ということができよう[5]。同答申は、「幼児教育」という視点から、保育所を含む保育施設の再編成や家庭・地域社会・幼稚園等施設の三者の連携、小学校等との連携を打ち出していることが特徴的である。こうしたとらえ方の変化のなかで、今後における幼児教育の課題として、幼稚園等施設における教育機能の拡大や教員等の資質の向上を図るとともに、家庭教育や地域社会における子育て支援(それらの教育力の補完、再生・向上の支援)をより一層推進していくことが求められている。

3 教育基本法・学校教育法と幼児(期)教育

2006年12月、制定以来半世紀以上もの間、一度も改正されたことのなかった旧・教育基本法が全部改正された。同法の改正は、直接的には、2000年12月の教育改革国民会議による教育基本法見直し提言が端緒となっているが、その後、文部科学省・中央教育審議会答申「新しい時代にふさわしい教育基本法と教育振興基本計画の在り方について」(2003年3月)などを経て閣議決定され、国会に提出され可決・成立した。改正の趣旨として、科学技術の進歩や情報化、国際化、少子高齢化、家族のあり方など教育をめぐる状況の変化のなかで、家庭・地域社会の教育力の低下やいじめ・校内暴力等の問題行動、社会性の低下

など様々な問題を背景に、教育の目的・理念や教育の実施に関する基本を定めるとともに国及び地方公共団体の責務を明らかにすることで、「国民の共通理解のもと、社会全体で教育改革を強力に推進すること」[6]がめざされている。具体的には、教育の目的（第1条）・目標（第2条）について、「人格の完成」や「個人の尊厳」など旧・教育基本法に掲げられていた普遍的な理念を継承しつつ、「公共の精神」や「伝統と文化の尊重」など今日重要と考えられる事柄を新たに規定した、と説明されている。また、教育の実施に関する基本について、新たに「大学」（第7条）、「私立学校」（第8条）、「家庭教育」（第10条）、「幼児期の教育」（第11条）、「学校、家庭及び地域住民等の相互の連携協力」（第13条）について規定している。さらに、教育行政における国・地方公共団体の役割分担（第16条）や教育振興基本計画の策定（第17条）などについて定めている。

　幼児教育については、「幼児期の教育」を中心に、「家庭教育」、「学校、家庭及び地域住民等の相互の連携協力」と一体となってとらえられている[7]。すなわち、第11条は「幼児期の教育は、生涯にわたる人格形成の基礎を培う重要なものであることにかんがみ、国及び地方公共団体は、幼児の健やかな成長に資する良好な環境の整備その他適当な方法によって、その振興に努めなければならない」と記しているが、ここでいう「幼児期の教育」とは、「幼稚園・保育所等で行われる教育のみならず、就学前の幼児に対し家庭や地域で幅広く行われる教育を含めた教育を意味」[8]するものと解されている。そして、「幼児期の重要性を規定するもの」、また、「あわせて、国及び地方公共団体がその振興に努めなければならない旨も新たに規定したもの」[9]と位置づけられている。さらに、第5条「義務教育」の規定と結びついて、幼児教育も含めての義務教育年限の延長ないし就学年齢の引き下げや幼児教育の無償化に関する議論とリンクしていることは注目されてよい。

　こうした動きの背景には、少子化とグローバル化による"幼児期からの人間力向上"という近年の国家的戦略がある（最近のものでは、経済財政諮問会議「経済財政改革の基本方針2008」2008年6月、他）。そこでは、これからの幼児教育の方向

性として、教育改革の優先課題としてとらえ、幼稚園・保育所の教育機能の強化や家庭・地域社会の教育力の回復などが企図されている。同規定について、ある論者が指摘するごとく、「これまで教育法上軽視されがちだった幼児教育の重要性を明示したことや国・自治体の環境整備の義務に言及したことが注目される[10]」といえるものの、「国の義務が子どもの権利に対応しておらず、かつ、努力義務にとどまっている[11]」ことなどが問題点として挙げられるであろう。後述する子どもの「保育の権利」を保障することをめざして、公的責任としての国及び地方公共団体の幼児教育条件整備義務が明示されることが求められるのである。

　旧・教育基本法の改正及び2007年3月の文部科学省・中央教育審議会答申「教育基本法の改正を受けて緊急に必要とされる教育制度の改正について」(以下、2007年中教審答申と略)等を踏まえ、同年6月、学校教育法等いわゆる「教育三法」が改正・公布された(2008年4月より順次施行)。同法においては、学校教育の充実を図るため、義務教育の目標を定め、各学校種の目的・目標を見直すとともに、学校の組織運営体制の確立のため、副校長等の新しい職を設置するなどの改正がなされた。幼児教育については、それまで「第7章」に置かれていた諸規定を「第3章」に移し、①学校種の規定順について、幼稚園を最初に規定する、②目的に「義務教育及びその後の教育の基礎を培う」ことを加える(第22条)、③目標に「家族や身近な人への信頼感」「規範意識の芽生え」「生命及び自然に対する興味」「相手の話を理解しようとする態度」などを追加する(第23条)、④保護者・地域住民等に対する幼児期教育の支援への努力義務を新たに規定する(第24条)、⑤幼稚園に、副園長等という職を置くことができるようにする(第27条)、⑥幼稚園においても、学校評価及び情報の積極的な提供を義務づける(第42条・43条の規定準用)などが行われた。これらは、2007年中教審答申によれば、教育基本法に示された教育の目標や学校教育法に新たに規定される義務教育の目標の内容、幼児を取り巻く環境の変化を踏まえ、小学校以降の教育との発達や学びの連続性を明確にすること

がめざされている。前記の ① について、「この規定順の変更は、『主たる学校体系』を中心に置く旧法制の考え方を改めている点で、人々に違和感はないであろう[12]」という見解も出されているが、学校の一種であると同時に独自の幼児教育機関でもある幼稚園を、どのように小学校・中学校等の学校制度及び教育内容・方法に接続していくかは十分に議論・整理されておらず、今後の課題といえる。

4　子ども・保護者・保育者の「権利」としての幼児教育
　　　──課題と展望──

　子どもは、次世代を担う「社会の宝」「地域の宝」であり、憲法や教育基本法、学校教育法、児童福祉法、児童（子ども）の権利に関する条約（1989年）などにあるように、子どもは、心身ともに健やかに生まれ、育てられ、生活する権利を保障されねばならない。幼児教育をはじめとする子どもの教育は、この権利（幼児期の子どもにあっては、「保育の権利」と呼称）を実現するため、子どもが安全で安心して暮らすことのできる環境のなかで、親・保護者（親権者、未成年後見人その他の者。以下、「保護者」と総称）、家族を中心とする周りの大人との愛着関係の形成を基本とし、その年齢と成熟度に応じて、子どもの自己決定を尊重しつつ、一人一人の子どもの状況に配慮しながら、発達支援・生活支援を通じた自立支援を行っていくものである。

　子どもの「保育の権利」を保障するために、第一義的な養育・教育の責任者として、保護者が挙げられる。すなわち、「親権を行う者は、子の監護及び教育をする権利を有し、義務を負う」（民法第820条）、「父母その他の保護者は、子の教育について第一義的責任を有するものであって、生活のために必要な習慣を身に付けさせるとともに、自立心を育成し、心身の調和のとれた発達を図るよう努めるものとする」（教育基本法第10条第1項）。この保護者の監護・教育の権利ないし責任は、ある論者が指摘するように、「子どもに対する親の権利であると同時に義務であり、親は子どもの養育・教育の責任を負うとともに、子

どもの懲戒権（民法822条）や居所指定権（同821条）、家庭教育・家庭保育の自由などの保障を受ける」ととらえられる。しかし、同時に、近年ますます確認されてきているように、子どもは家庭（それに代わる環境も含む）だけでなく、地域社会のなかで育つのであり、地域・社会全体で子どもを育てていくことが求められる。とりわけ、国や地方自治体の責任は大変重いものがあり、そのことは、児童福祉法第2条の「国及び地方公共団体は、児童の保護者とともに、児童を心身ともに健やかに育成する責任を負う」や教育基本法第10条第2項の「国及び地方公共団体は、家庭教育の自主性を尊重しつつ、保護者に対する学習の機会及び情報の提供その他の家庭教育を支援するために必要な施策を講ずるよう努めなければならない」などと記されている。国・地方自治体は、保護者の意思を尊重しつつ、教育的、文化的、経済的、社会的に十全な環境を整備しなければならない。

　また、幼稚園・保育所等において子どもの保育・教育を直接に担う幼稚園教諭・保育士等保育者は、保育・教育の専門家（職）ないし高度な専門性を有する対人援助職として、子どもの健やかな成長・発達を保障する責任を負っている。さらに、子どもの保護者に対する保育に関する指導（保育士。児童福祉法第18条の4）や家庭・地域における幼児期教育の支援（幼稚園教諭等。学校教育法第24条）に取り組むことが求められている。保育者は、保育内容・方法についての専門的力量を有する者として、職務遂行上の主体性や創意工夫（これを「保育者の職務上の自由」と呼称）が個別的・集団的レベルで大幅に認められなければならない。そして、園経営とのかかわりでは、組織の理念や方針、目標、将来計画等の策定・実施・検討・評価過程において、職員会議や理事会等を通じて、その集団的意思が積極的に反映されていく必要がある。他方で、「開かれた園づくり」「家庭や地域社会との連携」などのスローガンが示すように、保育者は、保護者・地域住民との対話及び納得による意思疎通、相互理解、信頼関係の構築に努め、保護者・地域住民の理解・協力・支援を得ることが不可欠である。

筆者は、1990年代中頃から、保育・幼児教育界において、「保育自治」という概念を提唱し、保護者・保育者・地域住民・行政職員等保育関係者の協力共同（＝協働）による「保育自治」の探究と創造の必要性を提示している。そこでは、子どもの「保育の権利」を中核とし、それを保障するための「保育者の職務上の自由」がある。また、「園の自治」として、子どもの意見表明権（児童の権利に関する条約第12条）や保護者・地域住民の意思の尊重・反映、保育実践・子育て支援活動への参加（または参画）が保障される必要がある。こうした議論や実践の動向は、最近、国の政策文書・行政文書においても取り上げられるところとなっている。例えば、2005年文科省答申は、「親をはじめとする保護者やPTAのかかわりを、保育の『参観』から始めて、施設の行事への『参加』、さらには施設の計画の策定や外部評価等への『参画』へと高めていくことが必要である」と述べている。また、厚生労働省「保育所保育指針解説書」(2008年3月) も、「保育所が保護者との協力体制を築くためには、日頃から保育理念や保育方針、保育内容・方法等を様々な機会を通して情報提供するとともに、保育参観のほか保育参加、個別面談などを実施することも有効」であると記している。このように、子ども・保護者・保育者の「権利」としての幼児教育という視点から、新時代の幼児教育をデザインし、創造していくことが望まれる。

注
1) 村山祐一「戦後日本の保育所・幼稚園の発展と課題」青木一他編『保育幼児教育体系――保育幼児教育の制度』第6巻第11号、労働旬報社、1987年、99頁。
2) 森上史朗・柏女霊峰編『保育用語辞典〔第4版〕』ミネルヴァ書房、2008年、2-3頁（森上史朗執筆）。
3) 同前、3頁（森上史朗執筆）。
4) 参照：田村和之『保育所行政の法律問題〔新版〕』勁草書房、1992年、7-8頁。
5) 秋川陽一「少子化社会における幼児教育改革は何を目指すべきか」日本教育制度学会編『教育改革への提言集〔第5集〕』東信堂、2006年、103-4頁。

6) 文部科学省「新しい教育基本法について」2007年3月、7頁。
7) この点について、家庭教育の内容に対する国家介入の危険性を危惧する声も出されている。かかる意味で、幼稚園を含む学校、家庭、地域の連携協力のあり方が問われる必要がある。
8) 衆議院・教育基本法に関する特別委員会における馳文部科学副大臣の答弁による（2008年6月8日会議録）。
9) 衆議院・教育基本法に関する特別委員会における小坂文部科学大臣の答弁による（2008年6月2日会議録）。
10) 解説教育六法編修委員会編『解説教育六法2008』三省堂、2008年、54頁。
11) 同前。
12) 平原春好「改正学校教育法──改正の経緯、概要、課題」『季刊教育法』第157号、2008年、7頁。
13) 田村、前掲書、20頁。

参考文献

岡田正章他編『戦後保育史』第1巻・第2巻、フレーベル館、1980年。
宍戸健夫『日本の幼児保育──昭和保育思想史──』下巻、青木書店、1989年。
中谷彪『幼稚園の制度と歴史』家政教育社、1982年。
伊藤良高『〔増補版〕現代保育所経営論──保育自治の探究──』北樹出版、2002年。
伊藤良高『幼児教育の明日を拓く幼稚園経営──視点と課題──』北樹出版、2004年。
中谷彪・伊藤良高・大津尚志編『教育基本法のフロンティア』晃洋書房、2006年。
中谷彪『子どもの教育と親・教師』晃洋書房、2008年。

第2章

私立幼稚園経営の現状と課題

　はじめに──これまでにない大きな改革の渦中にある幼稚園──

　近年、幼児期における教育または幼児教育のより一層の重要性が指摘され、幼稚園教育及び幼稚園制度・経営に関する議論や改革が盛んに行われている。それは、1990年代後半以降の政府の少子化対策、教育改革、地方分権改革、規制緩和・改革の展開と深く結びついたものであるが、文部科学省「幼児教育の充実に向けて（報告）」（2001年2月。以下、2001年文科省報告と略）及びそれを踏まえて策定された「幼児教育振興プログラム」（同年3月）、さらには、同「子どもを取り巻く環境の変化を踏まえた今後の幼児教育の在り方について（答申）」（2005年1月。以下、2005年文科省答申と略）などにおいて、幼稚園は学校制度の一環をなす「幼児教育の専門施設」として位置づけられ、幼児教育を組織的・計画的に行う場としての幼稚園の基本を生かすなかで、地域の幼児教育センターとしての子育て支援機能を活用し、「親と子の育ちの場」としての役割・機能を充実することが求められている。

　また、最近では、次世代育成支援システムの構築、ないし、地域の子育て支援サービスの総合的な提供といった観点から、幼稚園と保育所の連携推進や一体的運営（一体化）など両者の関係見直しを図ることが重要課題とされ、施設の共用化や教育内容・保育内容の整合性の確保、幼稚園教諭・保育士の資格の併有の促進、合同研修、構造改革特別区域における幼稚園児と保育所児等の合同活動の実施などのほかに、「幼稚園と保育所の一元化」「就学前の教育・保育

を一体的に捉えた総合施設の設置」が提案され、実現化に向けた取組がなされている（2006年10月から、総合施設「認定こども園」がスタートした）。こうしたさまざまな動きのなかで、現代の幼稚園は、これまでにない大きな改革の渦中にあるといっても過言ではない。

　本章は、前述の幼稚園政策の動向を踏まえながら、教育経営（教育マネジメント）という視点から、私立幼稚園経営の現状と課題について考察することを目的としている。この課題に応えるために、本章の展開は以下のようになる。まず、近年の幼稚園を取り巻く環境の変化と幼稚園教育の動向について概観する。次に、私立幼稚園経営の現状と問題点について、関連する資料・調査に基づきながら整理、叙述する。そして最後に、私立幼稚園経営をめぐる改革課題を3つの側面から提起しておきたい。

1　幼稚園を取り巻く環境の変化と幼稚園教育

　近年、幼稚園を取り巻く環境は、急速に変化してきている。すなわち、晩婚化・非婚化や夫婦あたりの子ども数の減少傾向などに起因する少子化、三世代以上の同居世帯の減少などによる核家族化、人口移動などによる都市化・過疎化、物・人・金融・情報などが国境を越える国際化、インターネットや携帯電話の普及などによる情報化、就労やボランティア活動への参加などによる女性の社会進出、家庭や社会のあらゆる場面での男女共同参画などが挙げられ、家庭や地域社会を含めて急速な変化が社会の各方面で生じている[1]。

　こうした幼稚園を取り巻く環境の変化などを背景として、保護者や地域社会の幼稚園に対するニーズが多様化してきている。地域において、一緒に遊ぶことができる子どもの数が減少してきており、幼児が集団のなかで多様な経験を得ることがむずかしくなっている。また、過保護や過干渉、育児不安、児童虐待など保護者と子どもの関係構築に関する問題が指摘されている。さらに、女性の社会進出が進み、その形態も多様化してきている。このような状況を背景

として、現代の幼稚園には、① 幼児にとって初めての集団生活を経験する場、② 家庭では得ることのできない多様な経験を得る場、③ 子育て相談や未就園児の親子登園、「預かり保育」の実施など、地域における幼児教育のセンターとしての期待が高まっている[2]。

先に見た2005年文科省答申は、子どもの最善の利益を第一に考え、子どもの視点に立ち、子どもの健やかな成長を期待して、小学校就学前のすべての幼児に対する教育のあり方を提唱している。そして、幼稚園及び幼稚園教育について次のように叙述している。すなわち、① 幼稚園は、3歳以上の幼児を対象として、「幼児を保育し、適当な環境を与えて、その心身の発達を助長すること」を目的とし（学校教育法第77条。2007年6月、学校教育法の一部改正により、同条は第22条に変更）、小学校以降の生活や学習の基盤を培う学校教育の始まりとしての役割を担っている、② 幼稚園教育は、幼児期の特性に照らして、幼児の自発的な活動としての遊びを重要な学習として位置づけ、教育の専門家である教員が計画的に幼児の遊びを十分に確保しながら、生涯にわたる人間形成の基礎を培う教育を行っている。そして、今後の幼児教育の取組の方向性として、① 家庭・地域社会・幼稚園等施設の三者による総合的な幼児教育の推進、② 幼児の生活の連続性及び発達や学びの連続性を踏まえた幼児教育の充実、の2つを提起している。

幼稚園制度・経営論的には、同答申において、幼稚園等施設（保育所を含む）が中核となって家庭や地域社会の教育力の再生・向上させていくとともに、幼児教育と小学校教育との接続など幼稚園等施設の教育機能を強化し、拡大していくことが必要であることを強調している点が注目される。とりわけ、前者について、家庭・地域社会の教育力の低下等という現状を受け、幼稚園等施設の具体的な取組として、これまでの役割に加え、① 家庭や地域社会における教育力を補完する役割（「失われた育ちの機会」を補完する役割）、② 家庭や地域社会が、自らその教育力を再生、向上していく取組を支援する役割（「幼児教育の牽（けん）引力」として家庭や地域社会を支援する役割）を担うことが求められる、とし

ている点が特徴的である。そして、重点的に実施すべき施策として、「親と子が共に育つ」という教育的視点から、①幼稚園等施設における子育て支援の充実、②地域社会における双方向ネットワークの構築、③幼稚園における預かり保育の明確化、などを提起している。

　こうした議論は、1990年代に入る頃から、現代幼稚園の役割を再定位するなかで、「地域に開かれた幼稚園づくり」「地域の幼児教育センター化」などをスローガンに主張されてきた。近年では、子どもと家庭を取り巻く環境の変化を背景に、保護者や地域社会の多様なニーズに対応した弾力的な運営が提起されている。ある文部科学省官僚は「幼稚園のもつ教育的な機能を最大限に生かす観点から、幼稚園経営を考えていくことが必要」[3]と述べているが、幼稚園の特質を生かした形での子育て支援に積極的に対応し、「親と子の育ちの場」としての役割・機能の充実を図っていく、という新時代の幼稚園経営が模索されている。また、将来にわたる子どもの健やかな成長を図るため、幼児期の家庭教育や地域での社会教育活動と一層緊密に連携した幼稚園経営への期待が高まっている。

2　私立幼稚園経営の現状と問題点

　私立幼稚園経営の現状と問題点はどのようであるのか。ここでは、関連する資料・調査に基づきながら、その実態を明らかにしておきたい。

　文部科学省『学校基本調査』によれば、2007年5月1日現在、幼稚園数は1万3723園で、前年度に比べ112園減少している。また、在園児数は170万5402人で、前年度に比べ2万1118人減少している。1980年代半ば以降、少子化などの影響を受けて、幼稚園数・在園児数は一貫して減少傾向にあるが、最近では満3歳児入園（満3歳の誕生日以降の年度途中入園）など3歳から就園する場合が増えており、3歳児だけは増加傾向にある。設置者別の状況で見ると、幼稚園数では私立園が全体の約6割 (60.4%)、在園児数では全体の約8割 (80.2%) を

表 2-1　幼稚園数及び幼稚園児数

(2007年5月1日　学校基本調査)

		合計	国立	公立	私立
幼稚園数(園)		13,723(100%)	49(0.4%)	5,382(39.2%)	8,292(60.4%)
在園児数	計(人)	1,705,402(100%)	6,457(0.4%)	331,222(19.4%)	1,367,723(80.2%)
	3歳児(人)	428,928(100%)	1,270(0.3%)	42,987(10.0%)	384,671(89.7%)
	うち満3歳(人)	40,471(100%)	0(0.0%)	396(1.0%)	40,075(99.0%)
	4歳児(人)	613,556(100%)	2,586(0.4%)	125,088(20.4%)	485,882(79.2%)
	5歳児(人)	662,918(100%)	2,601(0.4%)	163,147(24.6%)	497,170(75.0%)
教員数〈本務者〉(人)		111,239(100%)	339(0.3%)	25,016(22.5%)	85,884(77.2%)

注)　四捨五入の関係上、合計が100%にならない場合がある。
　　「うち満3歳」とは、満3歳に達する日以降の翌年度4月1日を待たずに随時入園した者である。
出典)　全国保育団体連絡会・保育研究所編『保育白書2008』ひとなる書房、2008年．

表 2-2　預かり保育の実施園数

(2007年6月1日現在　文部科学省幼児教育課調べ)

	2007年6月1日現在	2006年6月1日現在	1997年8月1日現在	1993年10月1日現在
公立	2,502(46.5%)	2,415(44.6%)	330(5.5%)	318(5.2%)
私立	7,307(88.1%)	7,248(87.6%)	3,867(46.0%)	2,541(29.5%)
合計	9,809(71.7%)	9,663(70.6%)	4,197(29.2%)	2,859(19.4%)

注)　実施率は、幼稚園(2007年度学校基本調査)に占める預かり保育を行っている割合。
出典)　全国保育団体連絡会・保育研究所編『保育白書2008』ひとなる書房、2008年．

占めている。また、満3歳児入園者数のほとんど（99.0%）は私立園がその受け皿となっている。教員数（本務者）は11万1239人であり、私立園はその8割弱（77.2%）を占めている（表2-1参照）。

また、近年、女性の社会進出の拡大、都市化、核家族化などを背景として、多様化する保護者のニーズに伴い、通常の教育時間（4時間）の前後や長期休業期間中などに希望する者を対象に行われる預かり保育[4]の実施園が増え続けている。2007年6月1日現在、全体の71.7%が実施しているが、私立園での実施率は88.1%と公立園（46.5%）の2倍弱となっている（表2-2参照）。こうした動向について、「低年齢児の入所の促進、預かり保育の実施など幼稚園が保育所化しつつある状況にある[5]」という指摘がなされている。

表 2 - 3　学級数，園児数等の10年間の推移

区　　　分	10年度	11年度	12年度	13年度	14年度	15年度	16年度	17年度	18年度	19年度
学　級　数	6.4	6.4	6.5	6.4	6.4	6.5	6.4	6.4	6.6	6.8
園　児　数	169.1	167.9	165.1	163.7	165.5	165.5	164.6	165.1	167.4	165.4
3 歳児	42.3	40.8	41.1	41.9	42.9	43.0	43.7	44.9	45.9	46.7
4 歳児	63.5	64.3	60.4	61.2	60.8	61.3	59.6	59.8	60.3	58.7
5 歳児	63.3	62.8	63.6	60.6	61.8	61.2	61.3	60.4	61.2	60.0
定員充足率	80.3	78.9	77.8	79.6	80.7	79.9	80.0	79.9	80.2	79.6
本務教員数	9.9	9.4	9.4	9.6	9.9	10.0	10.1	10.3	10.5	10.5

出典）　全日本私立幼稚園連合会『平成19年度私立幼稚園経営実態調査報告』，2008年．

　都道府県私立幼稚園団体の全国組織である全日本私立幼稚園連合会（以下、全日私幼連と略）が発行している『平成19年度私立幼稚園経営実態調査報告』（2008年2月）によれば、現代の私立幼稚園経営は、①1園あたりの学級数は微増だが、園児数、定員充足率はともに微減、②園児一人あたりの年額納付金は対前年比0.3％増、年額保育料も1.5％増、入園料は1.2％減、③教員給与は本俸については微増だが、年間給与総額では対前年比マイナス、といった状況にある。まず、①については、1園あたりの園児数は、平成10年度の169.1人から平成19年度は165.4人とこの10年間で3.7人減少し、年齢別に見れば、10年間で3歳児が4.4人増、4歳児が4.8人減、5歳児が3.3人減となっている。他方で、本務教員数は、2歳児の受け入れなど子育ての支援事業や満3歳児・3歳児入園の増加などにより、平成10年度9.9人、平成19年度10.5人で、0.6人増となっている（表2-3参照）。次いで、②については、平成19年度の園児一人あたりの年間納付金合計は32万9976円で、対前年比0.3％・859円増である。その内訳は、例えば、保育料は対前年比1.5％・3554円増の23万8001円、入園料は対前年比1.2％・594円減の4万8342円となっている。③については、本俸（月額）は2種免許状所有者で対前年比0.3％・474円増の15万6533円、1種免許状取得者で対前年比0.2％・297円増の16万7545円であるが、年間給与総額（本俸・手当・期末手当合計）は前者が対前年比0.13％・3209円減の251万5457円、後

者が対前年比0.14％・3817円減の270万5009円となっており、ともに前年度を下回っている。

　こうした経営実態を踏まえ、同報告は、「収支差額比率が下がり、さらに求められる経営の効率化[6]」「園児減少と人件費比率のバランスが今後の課題[7]」であると財務分析している。そして、全日私幼連として、少子化による園児減や働く母親の保育所志向、世帯所得の減収、認定こども園の制度化など、私立幼稚園を取り巻く経営環境は先行き不透明なことと合わせますます厳しくなっていると指摘し、各園が建学の精神に立ち戻り、私学の特徴とその良さを実践し、その地域に根差した信頼と魅力ある人的環境を整えて、地域社会の幼児教育センターとしての役割を担い、幼稚園志向（共存意識で）を高め、地域社会に広めていく努力が改めて必要、と提案している。ここ数年来、"今後も続く赤信号[8]"と称される厳しい財務状況にあって、保護者・地域住民から信頼と支持を得られる人的環境の整備、私学独自の豊かな教育内容の確立（オンリーワンの教育）[9]、社会に対する私立幼稚園の存在意義のアピールなどが重要な経営戦略としてとらえられている。

3　私立幼稚園経営をめぐる改革課題

　以下では、私立幼稚園経営の明日を展望しつつ、現代私立幼稚園経営が当面する改革課題について3つの側面から提起しておきたい。

　第1には、幼稚園教育の根幹をなす教育内容・方法及び教育環境の整備拡充に係る経営課題である。先に見た2001年文科省報告は、幼稚園の教育活動・教育環境の充実策として、① 幼稚園教育要領の理解の推進、② 道徳性の芽生えを培う教育の充実、③ 満3歳児入園の条件整備、④ ティーム保育の導入・実践のための条件整備、⑤ 幼稚園教員の資質向上、⑥ 幼稚園の施設整備の推進、⑦ 幼稚園就園奨励事業の充実、を掲げ、「教育課程編成の基本についての共通理解の推進、それに基づく教育活動の十全な展開とこれを支える幼稚園全体の

教職員の協力体制、各教員の資質の向上等の人的環境の充実、さらには、多様な教育活動のための施設空間の確保等の物的環境の確保、幼稚園教育に係る保護者の経済的負担の軽減、といった課題に早急に取り組む必要がある」と述べている。

　前記施策のうち、筆者が熊本県内の私立幼稚園を対象に実施した調査（2002年8～9月）によれば、幼稚園現場ではとりわけ、③、④、⑤、⑦に対する関心が高い。しかし、例えば、施策の目玉とされる④を見ても、「一クラス35人以下、クラス担任1名という現行システムを前提に、僅かの補助金と保育実践上の工夫のみで実際の対応を求める」ものに過ぎない、といえよう。私立幼稚園だからこそできる優れた教育、私立幼稚園にしかできない豊かな教育——これは、全日私幼連が掲げる私立幼稚園の使命である。しかし、実際には、「少人数学級への移行傾向や満3歳児の受け入れ、教育環境の充実や子育て支援、預かりの充実のための教員配置などによって、教育経営コストは実態調査の数値からも毎年増大し、財政を圧迫して」いるのである。現場の願う豊かな教育環境の整備拡充に向けて、自園の緻密な教育計画、経営努力と公的支援のさらなる充実が求められている。

　第2には、地域に開かれた幼稚園づくり、ないし、地域の幼児教育センター化に係る経営課題である。関連する施策として、①幼稚園運営の弾力化、②預かり保育の推進、③子育て支援活動の推進、④異年齢・異世代交流の推進が提示され、うち、例えば③では、教育専門家による子育て相談、カウンセラーによる子育てカウンセリング、子育てシンポジウム、保護者の交流のための井戸端会議、未就園児の親子登園、園庭・園舎の開放、子育てだより等子育て情報の提供、子育てサークル等の支援などの取組が期待されている。

　この課題について、これまで幼稚園現場では、保護者・地域住民のニーズ・要望を取り入れつつ、できる限り協力共同（協働）的に運営していこうとする努力が続けられてきており、注目すべき実践も少なくない。2005年文科省答申は「親と子が共に育つ」という教育的視点から、親子参加型の事業等の実施な

ど幼稚園等施設における子育て支援の積極的な推進を求めているが、幼稚園経営、特に施設計画の策定・実施・検討・評価過程（PDCAサイクル）における保護者・地域住民参加を促すという視点が十分とはいえず、"開かれた経営""みんなの力でともに創る経営"をめざして、PTAや学校評議員制度、さらには学校運営協議会制度（あるいは類似組織）などの活用を含め、そのあり方を検討していく必要がある（最近は、その負担感から、PTAがない園を選ぶ保護者もあり、やむなくPTA活動を縮小する、ないし、そのものを廃止する園も出てきているらしいが）。[12]

　第3には、幼稚園と保育所の連携推進ないし一体化・一元化に係る経営課題である。近年、文部科学省と厚生労働省は、①施設の共用化の指針の策定、②教育内容・保育内容の整合性の確保、③幼稚園教員と保育士の合同研修、④子育て支援事業の連携実施、など両施設の連携推進に努めている。こうした動きのなかで、少子化・過疎化の進行や自治体の財政難などに伴う施設の統廃合の関係もあって、各自治体では幼稚園・保育所の一体化に向けて様々な動きが見られる。幼稚園と保育所を合築したり、施設の一部を共用したりするなどが一般的であるが、なかには、幼稚園・保育所の区分を可能な限り取り払い同一施設として運営するような事例も現れている。また、構造改革特別区域法（2002年）により、国の制度では認められない規制緩和が進められ、特定の自治体・地域で、「3歳未満児に係る幼稚園入園事業」「幼稚園における幼稚園児及び保育所児等の合同活動事業」「保育所における私的契約児の弾力的な受け入れの容認事業」などが実施されている。さらには、「経済財政運営と構造改革に関する基本方針2003（閣議決定）」（2003年6月）において検討された「就学前の教育・保育を一体として捉えた一貫した総合施設」について、2005年度に試行事業（当初、全国36施設。後、35施設）を先行実施したうえで、2006年10月から、「認定こども園」として制度化されている。

　保育所併設や総合施設へのアプライなどの動きを私立幼稚園が主体となって進める場合は、園児減に対応するために、経営安定化・生き残りを賭けた危機意識が背景となっていることが推測される。自治体レベルでは自治体の裁量が

増えるとして、総合施設を歓迎する向きもあるが、ある論者が指摘するように、今後、新たな補助金（交付金）制度の創設など政策誘導的な施策が展開されれば、「各地で総合施設設置が一挙にブーム化し、既存施設の統廃合が加速される恐れもある[13]」といえよう。既存施設からの転換も可能にする柔軟な制度が構想されつつあるなかで、今日、改めて幼稚園制度固有の意義や独自性（アイデンティティ）が問われている。

注
1) 文部科学省・幼稚園教員の資質向上に関する調査研究協力者会議「幼稚園教員の資質向上について——自ら学ぶ幼稚園教員のために（報告）」2002年6月。
2) 同前。
3) 神長美津子「刊行に寄せて」全国国公立幼稚園長会編『新しい時代を拓く幼稚園運営のポイントQ&A』ぎょうせい、2002年。
4) 「預かり保育」は、正式には、「教育課程に係る教育時間の終了後等に行う教育活動」（文部科学省「幼稚園教育要領」2008年3月）という。また、学校教育法第25条においては、「その他の保育内容」と表記されている。
5) 逆井直紀「私立園中心の幼稚園」全国保育団体連絡会・保育研究所編『保育白書』2005年版、ひとなる書房、2005年、19頁。
6) 全日本私立幼稚園連合会『平成19年度私立幼稚園経営実態調査報告』2008年2月、22頁。
7) 同前、4頁。
8) 全日本私立幼稚園連合会『平成15年度私立幼稚園経営実態調査報告』2003年12月、14頁。
9) 全日本私立幼稚園連合会、前掲資料（注6）、11頁。
10) 加藤繁美「幼稚園政策の動向と幼・保問題」全国保育団体連絡会・保育研究所編『保育白書』2001年版、草土文化、98頁。
11) 全国私立幼稚園連合会、前掲資料（注8）、2頁。
12) 全日本私立幼稚園連合会『私幼時報』第215号、2002年5月号、2頁。
13) 逆井直紀「幼稚園の『保育所化』と幼保一体的運営施設」全国保育団体連絡会・保育研究所編『保育白書』2004年版、草土文化、2004年、19頁。

参考文献

伊藤良高『幼児教育の明日を拓く幼稚園経営——視点と課題——』北樹出版、2004年。

伊藤良高他編著『〔改訂新版〕現代の幼児教育を考える』北樹出版、2007年。

伊藤良高『〔増補版〕現代保育所経営論——保育自治の探究——』北樹出版、2002年。

伊藤良高『保育所経営の基本問題』北樹出版、2002年。

伊藤良高「『親と子が共に育つ』視点に立った幼稚園経営」日本教育制度学会編『教育改革への提言集〔第4集〕』東信堂、2005年。

第3章

幼稚園制度・経営改革と私立幼稚園

　は　じ　め　に——私立幼稚園に明日はあるか——

　「幼児減等幼稚園を取り巻く諸環境の園経営にとっての悪化と、主として国の財政事情を背景とする私立幼稚園に対する助成額の伸びの停滞等のために、多くの私立幼稚園においてはそれぞれにそれなりの経営努力がなされてはいるが、私立幼稚園の振興へ向けて十分にその成果が現われているとは言い難い。むしろ悪化の傾向さえする。現状のまま推移するとすれば、さらに状況の悪化が懸念され、私立幼稚園が総じてその期待される社会的要請に沿い得なくなる事態も予想される」。
　これは、1991年5月、全日本私立幼稚園連合会（以下、全日私幼連と略）が発表した「私立幼稚園教育・振興基本構想」（以下、1991年全日私幼連構想と略）の一部である。同構想は、私立幼稚園経営者の全国的組織が21世紀を目前にして、概ね向こう10カ年にわたる私立幼稚園の教育・振興に取り組む姿勢とそのめざす基本的方向性について述べたものであるが、引き続く少子化による園児減少や国の財政事情を反映した私学助成の停滞など厳しい園経営環境にあって、「幼稚園に明日はあるか」と苦悩する当事者の危機意識がよく示されている。特に1990年代後半以降、政策的レベルにおいて幼児教育・幼稚園教育のより一層の重要性が指摘されているが、近年、いかなる幼稚園制度・経営改革が推進されてきたのであろうか。それは「幼稚園教育の前途に横たわる暗雲を払い、幼稚園教育の将来に真の曙光を見出すようにしたい」「真の私立幼稚園振興を

軌道にのせたい」という私立幼稚園経営者の思いに十分に応えるものであるのであろうか。

　本章は、現代幼稚園制度・経営改革の展開を私立幼稚園の側面から考察することを目的としている。まず、今日までここ10数年間における幼稚園制度・経営改革の主な動向をトレースしながら、その方向性と特徴について整理、叙述する。次に、私立幼稚園経営をめぐって最近とみに注目されているトピックを3つ取りあげ、その実践的課題と今後の展望を明らかにしておきたい。すなわち、1つには、幼稚園における子育て支援活動について、2つには、幼稚園・保育所・小学校の連携について、そして、3つには、幼稚園における自己評価・第三者評価と情報提供・公開についてである。

1　現代幼稚園制度・経営改革の動向

　1991年全日私幼連構想が発表された時期と重なる1980年代末から1990年代初頭にかけて、政策的レベルにおいても、幼児を取り巻く環境の変化や文部省「幼稚園教育要領」の改訂（1989年3月）など幼稚園教育をめぐる状況の変化を背景として、現代幼稚園の役割・機能を再定位する動きが見られるようになる。[1]

　まず、1991年3月、文部省は「幼稚園教育の振興について（報告）」を刊行し、幼稚園教育の役割について、①幼稚園教育は環境を通して行うものであることを基本とする、②近年の幼児を取り巻く環境の著しい変化のなかで、幼児に対して望ましい発達の機会を与える幼稚園の役割は、今後ますます大きくなっていく、③幼稚園は、保護者の学習の場として家庭や地域社会に対して一層開かれたものとなり、地域における幼児教育センター的役割を担うことが重要である、と叙述した。同報告を受けて、文部省は第3次幼稚園教育振興計画を策定、幼稚園教育の一層の振興を図ることをめざし、地域において幼稚園が果たすことが期待される幼児教育センター的役割を付与することとした。

　次いで、1994年12月に、文部省は「幼稚園における教育環境の整備充実の在

り方について（報告）」を刊行した。同報告は、幼稚園の整備充実策として、"地域に開かれた幼稚園づくりの推進"などについて論じた。地域に開かれた幼稚園について、家庭への様々な支援・地域の子どもたちに対する遊び場の提供など地域の幼児教育センター的役割への取組や、保育所の整備が進んでいない地域などにおける延長保育あるいは「預かり保育」等の実施、時間延長などの施設の運用の弾力化などを提起した。幼稚園の新たな役割・機能として、子育て支援とのかかわりで、地域の幼児教育センター化に加え、幼稚園における延長保育、預かり保育、施設運用の弾力化などを提示している。

　こうした幼稚園制度・経営論は、1990年代半ばになると、より一層明示的に表明されるようになる。1997年11月、文部省がまとめた「時代の変化に対応した今後の幼稚園教育の在り方について（最終報告）」は、「幼稚園は幼児教育のセンター的役割を家庭や地域との関係において果たすことが期待される」として、「多様なニーズに対応した幼稚園運営の弾力化」を打ち出し、①地域に開かれた幼稚園づくりの推進、②預かり保育の推進、③幼稚園と保育所のあり方について、の3項目を提言した。これに基づいて改訂された幼稚園教育要領（1998年12月）では、幼稚園における子育て支援や預かり保育に関する記述が盛り込まれた。以後、幼稚園における子育て支援機能を一層充実していくことが課題となった。

　この間、主な幼稚園政策として、預かり保育推進事業（1997年度～）や、幼稚園の子育て支援活動の推進（1999年度～）などが実施され、さらに、規制緩和・改革の流れを受けて、2000年度から幼稚園を設置する学校法人による保育所設置も容認されることとなった。

　2001年2月、文部科学省は、新時代における幼稚園教育の実現に向けて、「幼児教育の充実に向けて（報告）」を発表した。同報告は、幼児教育の重要性及びその中心となる幼稚園の役割を確認し、今後の施策の視点として、①「生きる力」の基礎や小学校以降の学校教育全体の生活や学習の基盤を培うという視点に立って、教育活動・教育環境の充実を図る、②幼稚園運営の弾力化を

図り、地域の幼児教育のセンターとしての子育て支援機能を活用し、「親と子の育ちの場」としての役割・機能を充実する、③小学校との間で円滑な移行・接続を図る観点に立って、幼稚園と小学校の連携を推進する、④幼稚園と保育所は、双方とも小学校就学前の幼児を対象としていること等を踏まえつつ、両施設の連携を一層推進する、の4つを掲げた。ここでは、幼稚園の基本を生かすなかで、「親と子の育ちの場」としての役割・機能を充実することを提唱している点が注目される。同報告を受けて、文部科学省は「幼児教育振興プログラム」(2001年3月)を策定、幼稚園教育の条件整備を中心としつつも、家庭教育や地域社会における子育て支援策の充実を図る方向性を打ち出した。さらに、2005年1月、文部科学省は「子どもを取り巻く環境の変化を踏まえた今後の幼児教育の在り方について（答申）」(以下、2005年文科省答申と略)を発表し、「子どもの最善の利益」のためにあるべき今後の幼児教育の取組の方向性や具体的施策を提起している。すでに指摘したように、同答申は、幼稚園等施設[2](保育所を含む)が中核となって家庭や地域社会の教育力を再生・向上させていくとともに、幼児教育と小学校教育との接続など幼稚園等施設の教育機能を強化し、拡大していくことが必要であることを強調している点が特徴的である。

　前述のここ10数年間における幼稚園制度・経営改革の展開には、いかなる方向性と特徴を見出すことができるのであろうか。以下では、3点指摘しておきたい。

　第1点には、幼児教育の専門施設である幼稚園を中核に、家庭・地域社会における幼児の教育をも視野に入れた総合的な施策の展開を図ることがめざされていることである。ある論者の表現に従えば、それは「幼稚園教育から幼児教育へ」[3]という流れであるが、幼稚園等施設に家庭・地域社会を加えた三者が連携しながら総合的に幼児教育を推進していく方向性が打ち出されている。

　第2点には、これまでの幼児教育振興策が、主に幼稚園の量的な拡大を図ってきたのに対し、「幼児教育振興プログラム」などでは、幼児教育の質的向上を図ることも目的としていることである。こうした変化のなかで、幼児教育の

質的側面が問われるようになり、幼稚園教育の充実策として、①教育活動及び教育環境の充実、②幼稚園教員の資質及び専門性の向上、③自己点検・外部評価と情報提供等の推進、などが課題とされている。

　第3点には、家庭・地域社会・幼稚園等施設が連携することにより、幼児の日々の生活の連続性及び発達や学びの連続性を確保するとともに、その成果を円滑に小学校に引き継ぐために、幼児教育の充実を図ることがめざされていることである。「生活の連続性」「発達や学びの連続性」をキーワードに、①幼児教育と小学校教育との連携・接続の強化・改善、②3歳未満の幼稚園未就園児の幼稚園教育への円滑な接続、などが課題とされている。

　このように、近年、幼児教育・幼稚園教育の重要性が唱えられ、長期的な視野に立って幼児期からの取組を充実していくことが提唱されている。その基底には、少子化とグローバル化による"幼児期からの人間力向上"という国家的戦略（「経済財政運営と構造改革に関する基本方針2005」2005年6月、が代表的なものの1つ）があるが、なかでも、2005年文科省答申は、「幼児教育」という視点から、保育所等を含む保育施設の再編成や家庭・地域社会・幼稚園等施設の三者の連携、小学校等との連携を打ち出している点が注目される。こうした動きのなかで、今後の幼稚園制度・経営改革の課題として、幼稚園における教育機能の拡大や教員等の資質向上などを図るとともに、家庭教育や地域社会における子育て支援（それらの教育力の補完・再生・向上）をより一層推進していくことが求められている。

2　私立幼稚園経営をめぐる3つのトピック

(1)　幼稚園における子育て支援活動

　近年、幼稚園は、保育所と同様、家庭及び地域社会の子育てを支援する施設として位置づけられている。そして、幼稚園の特質を生かした形での子育て支援に積極的に対応し、「親と子の育ちの場」ないし「地域の幼児教育センター」

としての役割・機能の充実を図っていくことが求められている。すなわち、1つには、「親と子が共に育つ」観点から、幼稚園を利用している幼児の家庭に対する支援を推進していく必要性が唱えられている。具体的な活動として、例えば、子育てに係る相談の実施、情報提供、親子参加型の事業の実施などが推奨されている。2つには、幼稚園を利用していない子ども（特に3歳未満の幼児）を育てる家庭の教育力向上のために、親子登園、園庭開放や子育て相談を実施するなど、幼稚園が積極的にかかわっていく必要性が唱えられている。

最近、広がりを見せている預かり保育もまた同様である。文部科学省「平成19年度幼児教育実態調査」（2007年5月1日現在）によれば、長期休業期間中以外の週当たりの実施日数は、私立園では「5日」(5141園。70.4%)「6日」(1650園。22.6%)が多くなっている（表3-1参照）。また、終了時間については、「午後5

表3-1 預かり保育の週当たりの実施日数（長期休業期間中以外）

（単位：園）

	1日	2日	3日	4日	5日	6日	7日	その他	計
公立	54 (2.2%)	95 (3.8%)	53 (2.1%)	218 (8.7%)	1,327 (53.0%)	196 (7.8%)	9 (0.4%)	536 (21.4%)	2,488 (99.4%)
私立	21 (0.3%)	45 (0.6%)	40 (0.5%)	272 (3.7%)	5,141 (70.4%)	1,650 (22.6%)	37 (0.5%)	94 (1.3%)	7,300 (99.9%)
計	75 (0.8%)	140 (1.4%)	93 (0.9%)	490 (5.0%)	6,468 (65.9%)	1,846 (18.8%)	46 (0.5%)	630 (6.4%)	9,788 (99.8%)

注）割合は、預かり保育実施園数に占める割合。
出典）全国保育団体連合会・保育研究所編『保育白書2008』ひとなる書房、2008年．

表3-2 預かり保育の終了時間（長期休業期間中以外）

	教育時間開始前のみ	午後3時以前	午後3〜4時	午後4〜5時	午後5〜6時	午後6〜7時	午後7時を超える	計
公立	25 (1.0%)	302 (12.1%)	891 (35.6%)	419 (16.7%)	671 (26.8%)	178 (7.1%)	2 (0.1%)	2,488 (99.4%)
私立	8 (0.1%)	30 (0.4%)	292 (4.0%)	1,937 (26.5%)	3,753 (51.4%)	1,218 (16.7%)	62 (0.8%)	7,300 (99.9%)
計	33 (0.3%)	332 (3.4%)	1,183 (12.1%)	2,356 (24.0%)	4,424 (45.1%)	1,396 (14.2%)	64 (0.7%)	9,788 (99.8%)

注）割合は、預かり保育実施園数に占める割合。
出典）全国保育団体連合会・保育研究所編『保育白書2008』ひとなる書房、2008年．

表 3-3　教育課程に係る教育時間開始前に
預かり保育を実施する幼稚園数

公　立	私　立	計
616	2,793	3,409
24.6%	38.2%	34.8%

注）割合は，預かり保育実施園数に占める割合．
出典）全国保育団体連合会・保育研究所編「保育白書2008」ひとなる書房，2008年．

〜6時までの間」(3753園。51.4%)が最も多い（表3-2参照）。教育課程に係る教育時間開始前に預かり保育を実施する園も、3割以上(2793園。38.2%)にのぼっている（表3-3参照）。先の2005年文科省答申は、預かり保育について、地域の実情や保護者の要請により実施している面もあるが、幼児の生活の連続性の観点から家庭や地域社会の教育力を補完・再生・向上させる意義があるととらえている。そして、幼稚園の教育活動としての預かり保育の望ましいあり方に向けて、実施体制や内容・方法、実施時間、適切な名称など、幼稚園における預かり保育の明確化の必要性を謳っている。

　ある地域の調査（2005年10月末現在）によれば、預かり保育（通常及び夏休み）に対する保護者の要望として、「内容をもっと工夫してほしい」、「時間をもっと長くしてほしい」、「担当する教諭をもっと増やしてほしい」[4]などの声が少なくない。こうした状況にあって、全日私幼連は、幼稚園における子育て支援事業を推進するために、国に対して専任の教職員を配置できるような支援策を求めている。保護者を対象とする教育事業など様々な子育て支援活動は、私立幼稚園の有効性や機能拡充が問われる分野であり、今後、経営戦略としてもますます重要になっていくと思われる[5]。

(2)　幼稚園・保育所・小学校の連携

　幼稚園・保育所・小学校の連携（以下、幼・保・小連携）は、近年、幼児期からの道徳・しつけのあり方やいわゆる「学級崩壊」「小1プロブレム」など子

どもの育ちに係る今日的な課題を契機にその重要性が指摘され、議論と実践が積み重ねられつつある。例えば、厚生労働省「子ども・子育て応援プラン」(2004年12月) では、就学前教育・保育の充実策の１つとして"幼稚園と保育所の連携、就学前教育・保育と小学校の連携"が掲げられ、「幼稚園と保育所のそれぞれの特性を活かしつつ、地域や保護者の多様なニーズに応えるとともに、幼児期の教育と小学校以降の教育との円滑な移行や接続を図るため、幼稚園・保育所・小学校間の連携を進める」と提起している。

　幼・保・小連携の取組は、少し前から行われてきた。例えば、幼稚園または保育所が小学校と合同で運動会・学芸会・遠足等の行事を実施したり、園庭・校庭を相互に開放したりするなどである。また、保育者と小学校教員が互いの保育・教育について情報交換したり、小学校教員が幼稚園・保育所で数日間研修したり、幼稚園・保育所・小学校等間で人事交流が行われたりすることも少なくない。幼稚園・保育所間においても、施設の共用化や保育者の合同研修、幼稚園児と保育所児の合同保育など多様な取組がなされている。近年では、それらをさらに進めて、小学校「生活科」「総合的な学習の時間」への幼稚園児・保育所児の参加等保育・授業への相互参加や合同授業、幼稚園・保育所・小学校等の"連携カリキュラム"の開発など、より日常的・継続的・体系的な連携として取り組む事例が多くなっている。[6]

　2005年文科省答申は、子どもの発達や学びの連続性を確保する観点から、連携・接続を通じた幼児教育と小学校教育双方の質の向上を図ることをめざし、① 教育内容における接続の改善、② 人事交流等の推進、奨励、③「幼小連携推進校」の奨励、幼小一貫教育の検討、などの施策を掲げている。その際、同答申も述べているように、在園児数では私立園が全体の約８割を占めていることから、市町村教育委員会が積極的な役割を果たすなどして、公立・私立の連携を図りつつ実施することが求められる。私立幼稚園関係者は、私立幼稚園と公立小学校との連携システムの構築を提唱しているが[7]、保育所等も含め幼児教育の質をより一層高めつつ、「幼年期教育」(幼児期後半から学童期前半にかけての

教育) の創造という視点から取り組まれていくことが望ましい。

(3) 幼稚園における自己評価・第三者評価と情報提供・公開

　ここ数年、幼稚園における自己評価・第三者評価と情報提供・公開の重要性が指摘されている。例えば、前述の「子ども・子育て応援プラン」は、"幼稚園及び保育所における自己評価や第三者評価の推進"という項目において、「幼稚園及び保育所の教育・保育の内容の充実を図りつつ、利用者の選択にも資するよう、情報公開を促進するとともに、自己点検や第三者評価を推進する」と記している。

　周知のように、これまで幼稚園については、幼児の状況や地域の保育ニーズなどに応じた特色ある主体的な教育活動を展開し、地域住民の信頼に応え、地域に開かれた幼稚園として運営できるよう、幼稚園設置基準が改正され、2002年4月から、当該幼稚園の教育活動その他の学校運営の状況についての自己点検・自己評価及びその結果の公表に努めるとともに、保護者等に対して積極的に情報提供することが義務づけられてきた。他方、保育所においては、利用者の視点に立ったサービスの向上をめざして、2004年4月から、福祉サービス第三者評価事業 (以下、第三者評価事業と略) が実施されてきた。同事業の目的は、[8] ①個々の事業者が事業運営における問題点を把握し、サービスの質の向上に結びつける、②第三者評価事業を受けた結果が公表されることにより、結果として利用者の適切なサービスの選択に資するための情報となること、にあるが、2005年5月には、保育所版の「第三者評価基準ガイドライン」(55評価基準)及び「内容評価基準ガイドライン」(34評価基準) が提示され、同基準のもとで、新たな第三者評価事業が各都道府県レベルにおいても実施されている。

　2007年、学校教育法施行規則の一部改正により、小・中・高校等と同様に、当該幼稚園の教育活動その他幼稚園運営の状況についての自己評価とその結果の公表の義務化 (同第66条の規定準用) や園児の保護者その他幼稚園関係者 (当該幼稚園の職員を除く) による評価とその結果公表の努力義務化 (同第67条の規定準

用)、前記評価結果の設置者に対する報告義務（同第68条の規定準用）が図られた。こうした法改正を契機に、幼稚園制度・経営改革の課題として、教育活動その他の水準の維持・向上のため、「子どもの健やかな成長」の保障という観点から、自己学習・園内研修等による自己点検・自己評価を充実するとともに、説明責任（アカウンタビリティ。保護者等が納得いくまで分かりやすく丁寧に意思疎通する）を前提に、園児の保護者その他幼稚園関係者、さらには第三者（外部）による評価とその結果の公表等、保護者や地域住民への情報提供・公開により一層努めていくことが望まれる。それは、保護者・地域住民に"開かれた経営"をめざし、園経営・法人経営の透明性と公開性を高めていくことでもある。

注

1) 参照：伊藤良高『幼児教育の明日を拓く幼稚園経営――視点と課題――』北樹出版、2004年。
2) 伊藤良高「現代私立幼稚園の経営改革①・私立幼稚園経営の現状と課題」私学経営研究会『私学経営』第372号、2006年2月、41頁。
3) 郷家康徳「幼児教育に関するこれまでの取り組み」無藤隆・網野武博・神長美津子編著『「幼保一体化」から考える／幼稚園・保育所の経営ビジョン』ぎょうせい、2005年12月、20頁。
4) 熊本県「私立幼稚園重点事業調査の結果概要」2006年1月。
5) 2008年3月に改訂された文部科学省「幼稚園教育要領」（施行は2009年4月）では、改訂の基本方針の1つに、「子育ての支援と教育課程に係る教育時間の終了後等に行う教育活動については、その活動の内容や意義を明確化する。また、教育課程に係る教育時間の終了後等に行う教育活動については、幼稚園における教育活動として適切な活動となるようにする」ことが掲げられた。そして、それを受けて、改訂の要点の1つとして、「第1章総則」に第3として、「教育課程に係る教育時間の終了後等に行う教育活動など」が設けられ、「教育課程に係る教育時間の終了後等に行う教育活動」及び「子育ての支援」についての基本的な考え方が示された。また、「教育課程に係る教育時間の終了後等に行う教育活動の留意事項」として、「教育課程に係る教育時間の終了後等に行う教育活動」について、具体的な事項が明示されるとともに、「子育ての支援」についても、幼児期の教育に関する相談や情報提供、保護者との登園、幼児と保護者同士の交流機会の提供など、具体的な活動が例示された。これらは、幼稚園にお

ける預かり保育や子育て支援活動が、より重要な意味あいを持ってきていることを如実に示すものととらえられる。また、2008年3月に改定された厚生労働省「保育所保育指針」においても、「保護者に対する支援」が保育所の役割や保育の目標の1つとして明確にされ、そのあり方が独立した章として示されており、こうした動きも注目される。
6) 参照：塩野谷斉「幼保一元化と保幼小の連携」中谷彪・伊藤良高編『現代教育のフロンティア』晃洋書房、2005年10月、53頁。
7) 全日本私立幼稚園連合会「平成17年度私立幼稚園関係予算に関する要望」2004年8月。
8) 筆者が理事長等を務めている私立保育所（熊本県荒尾市・桜山保育園）は、2003年秋、社団法人全国保育士養成協議会児童福祉施設サービス第三者評価機関（HYK）の第三者評価を受審した。受審することで、①園経営改善への効果的かつ具体的な目標の設定、②職員の自覚と改善意欲の醸成、③保護者・地域からの信頼の向上、などのメリットがあったと感じている。受審してから後が、本当の意味での保育の質向上へのスタートである、というのもまた実感である。

第4章

幼稚園・保育所の一体化・一元化と私立幼稚園

　　はじめに──総合施設の制度化でどうなる、どうする？──

　政府は、2006年1月、「就学前の教育・保育を一体として捉えた一貫した総合施設」(以下、総合施設と略)について、関連法案を通常国会に提出し、同年10月から、都道府県が認定する仮称「認定こども園」としてスタートさせるという方針を打ち出した。制度の枠組みとしては、幼稚園でも保育所でもない第三の施設類型を新たに設けるのではなく、果たすべき機能に注目し、幼稚園・保育所等のうち、①就学前の子どもに幼児教育・保育を提供する機能、②地域における子育て支援を行う機能、を備える施設について、都道府県による認定制度を設ける方向で検討する、とされた。また、総合施設の認定のための具体的な基準については、地方の実情に応じて適切・柔軟な対応ができるよう、国が定める指針(ガイドライン)を参酌して都道府県が定めることとされた。

　そして、同年6月、幼稚園・保育所等を問わず、小学校就学前の子どもに対する教育・保育と、保護者に対する子育て支援の総合的な提供を推進するため、「認定こども園」に係る制度を設けることなどを内容とする「就学前の子どもに関する教育、保育等の総合的な提供の推進に関する法律」が国会で可決成立し、法律第77号として公布された(同年10月1日施行)。その制度構想として、施設と利用者の直接契約制や保育料の自由設定方式を原則とする同施設の設置は、今後の幼稚園・保育所の制度・経営のあり方に少なくない影響を及ぼすことが予想される。

本章は、幼稚園・保育所の一体化・一元化の動向を私立幼稚園の側面から考察することを目的としている。まず、近年における幼稚園・保育所の一体化・一元化の動向を概観する。次いで、これまでの総合施設をめぐる議論を踏まえ、その特徴と問題点を整理する。そして、それが私立幼稚園にもたらす効果と今後の課題について考察する。最後に、最近急速に浮上している幼児教育の無償化・義務化論とのかかわりで付言する。幼稚園・保育所の一体化・一元化の動向、特に総合施設の制度化は私立幼稚園にとっていかなる意味をもつのか、また、今後私立幼稚園はどう対応すべきか、教育経営（教育マネジメント）の視点から論じたい。

1　幼稚園・保育所の一体化・一元化の動向

　近年、幼稚園・保育所のあり方について、連携強化、一体化（または一体的運営）、総合化、一元化をキーワードとする様々な改革案が提起されてきたが、その嚆矢をなしたのは地方分権推進委員会第一次報告（1996年12月）であるといってよい。同報告は「少子化時代の到来の中で、子どもや家庭の多様なニーズに的確に応えるため、地域の実情に応じ、幼稚園・保育所の連携強化及びこれらに係る施設の総合化を図る方向で、幼稚園・保育所の施設の共用化等、弾力的な運用を確立する」と述べ、幼稚園・保育所の連携強化、総合化を改革課題とした。1990年代中頃からの幼稚園での預かり保育や子育て支援活動の推進などいわゆる"幼稚園の保育所化"に対する行政としての新たな考え方を提示したものといえるが、近年における少子化・過疎化の進行や自治体の財政難などを背景に、幼稚園・保育所の制度・経営のあり方が大きく見直されていく直接的契機となった。

　これを受けて、文部・厚生両省は、1998年3月に「幼稚園と保育所の施設の共用化等に関する指針」（以下、共用化指針と略）を、また、同年6月に「子どもと家庭を支援するための文部省・厚生省共同行動計画」を打ち出した。前者に

おいては、幼稚園と保育所の施設・運営の共用化、職員の兼務などについて地域の実情に応じて弾力的な運用を図り、幼児教育環境の質的な向上を推進することが求められた。また、後者においては、幼稚園・保育所の連携促進について、教育・保育内容の整合性の確保や保育者研修の合同開催、人的交流の推進、養成における履修科目の共通化、子育て支援事業の連携実施、公的助成・費用負担のあり方の検討が課題として掲げられた。それらでは保育の内容等運営の工夫や連携促進について具体的な基準は示されなかったが（共用化指針は2005年5月改正）、経済企画庁・多様な生活選択に関する研究会「報告」（同年10月）など、他の省庁や政府各種会議から、幼稚園・保育所の一体化・一元化を求める声はさらに高まっていった。

　1990年代末から、都市部を中心とする待機児童解消が喫緊の課題とされ、規制緩和策の一環として、2000年度から、幼稚園を設置する学校法人による保育所設置が容認されるとともに、保育所を設置する社会福祉法人による幼稚園設置も可能となった。2001年12月、地方分権改革推進会議は「中間論点整理」を公表、社会保障分野における重要論点の1つとして、幼稚園と保育所の一元化問題（幼保一元）を掲げ、それを地域行政の合理的・効率的運営、総合行政の視点から検討していく必要性を提起した。また、2002年6月に出された「経済財政運営と構造改革に関する基本方針2002」において構造改革特区制度が導入され、この区域にあっては、3歳未満児の幼稚園入園や幼稚園児と保育所児との合同保育などが認められるようになった。

　地方分権改革推進会議は2002年10月にも「事務・事業の在り方に関する意見」を公表、「施設としての幼稚園と保育所、制度としての幼稚園教育と保育は、それぞれの地域の判断で一元化できるような方向で今後見直していくべきである」と指摘し、保育所運営についての国の関与の根元的見直しをはじめ、幼稚園教諭・保育士資格の一元化、幼稚園と保育所の制度の一元化などを提案した。さらに、同年12月には、総合規制改革会議から「規制改革の推進に関する第2次答申」が出され、幼稚園と保育所の連携推進や保育所の調理室必置義

務の見直し、保育サービスに関する情報の一体的提供の推進などが提起された。ここでは、一体化の観点から、幼稚園・保育所両制度に対する行政の補助金のあり方を課題としている点が注目される。

　こうした議論や改革は、2003年に入って以降、矢継ぎ早に展開されている。すなわち、2003年2月、総合規制改革会議が提出した「規制改革推進のためのアクションプラン」は、医療・福祉・教育・農業など"官製市場"の領域で加速度的な規制改革を図るとして、福祉・教育等分野では「幼稚園・保育所の一元化」が盛り込まれた。また、同年3月には「規制改革推進3か年計画」が再改定され、幼稚園と保育所の施設共用化等による連携強化、幼稚園と保育所の一体化の推進などが提起された。ここでは、子どもの処遇面においても両者の一体化を求めている点が特徴的である。同年6月に出された「経済財政運営と構造改革に関する基本方針2003」は、新しい児童育成のための体制整備を課題とし、「地域のニーズに応じ、就学前の教育・保育を一体として捉えた一貫した総合施設の設置」を提案した。さらに、規制改革・民間開放推進会議「規制改革・民間開放推進3か年計画」(2004年6月閣議決定)は総合施設の実現に向けて、2005年度に試行事業を先行実施し、2006度から本格実施すると提案した。文部科学省・厚生労働省は当初、抵抗・反対の姿勢を示していたが、最終的には同施設の創設を認めた。2005年4月から「総合施設モデル事業」(当初全国36施設、後、35施設。以下、モデル事業と略)が展開され、教育・保育内容や職員配置・施設設備、職員資格のあり方などがさらに検討された。

2　総合施設の特徴と問題点

　「認定こども園」と称される総合施設はいかなる特徴と問題点をもつのであろうか。ここでは、これまでの総合施設をめぐる議論から見ておきたい。
　総合施設の基本的なあり方については、2004年5月から、文部科学省中央教育審議会幼児教育部会と厚生労働省社会保障審議会児童部会の合同の検討会議

が6回審議を行い、同年12月、「就学前の教育・保育を一体として捉えた一貫した総合施設について（審議のまとめ）」（以下、「審議のまとめ」と略）が公表された。

　同文書は、総合施設の意義・理念について、幼児教育の観点と次世代育成支援の観点から検討するとし、「地域が自主性を持って地域の実情や親の幼児教育・保育のニーズに適切かつ柔軟に対応することができるようにするための新たなサービス提供の枠組みを提示するもの」ととらえている。既存施設からの転換や既存施設の連携などを含め、「積極的に施設の新設を意味するものではない」としている。当初イメージされた幼稚園・保育所と異なる「第3の制度」ではないことが強調されている。基本的機能については、親の就労事情等に関わらず、幼児教育・保育の機会を提供することが基本であるが、加えて、地域の子育て家庭への相談・助言・支援や親子の交流の場を提供することが重要、としている。都市部では、2万人以上いる待機児童の解消や育児不安の大きい専業主婦への支援、地方では個々の幼稚園・保育所における子ども集団の小規模化改善などが課題とされている。ここでは、保育の実施基準である「保育に欠ける」という文言は見当たらない。

　利用対象者は、0歳から就学前の子どもとその保護者を基本としている。利用時間は、すべての子どもを対象にした共通教育・保育時間とオプションによるニーズ対応、また、利用形態については、利用者と施設が向き合う直接契約が望ましい、としている。教育・保育の内容については、幼稚園教育要領・保育所保育指針を踏まえ、モデル事業も含め、引き続き検討していくとし、3～5歳児の4時間の共通時間は幼稚園教育に相当するものと位置づけている。職員配置・施設設備についても、モデル事業を含め、引き続いて検討、としている。教育・保育の内容や職員配置・施設設備など、総合施設の内容にかかわる部分がまだ十分には煮詰められていない。設置主体・管理運営については、安定性・継続性、質の確保の仕組みを整えたうえで、可能な限り弾力的なものとなるよう配慮することが適当、としている。また、財政措置については、総

合施設という新たな枠組みにふさわしい費用負担の仕組みの検討が必要、としている。

　また、2006年3月には、学識経験者・有識者等による総合施設モデル事業評価委員会から「総合施設モデル事業の評価について（最終まとめ）」が提出された。同文書は、2005年12月の同「中間まとめ」を経て、モデル事業の実施状況を検証・評価し、総合施設のあり方についての考えを整理したものである。「審議のまとめ」を踏まえて、モデル事業を、① 幼保連携型（幼稚園と保育所の連携・一体的運営）、② 幼稚園型（幼稚園の機能拡充）、③ 保育所型（保育所の機能拡充）、④ 地方裁量型（幼稚園・保育所のいずれの認可もない地域の教育・保育施設）の4類型に分類している。幼稚園・保育所のどちらか一方または両方とも認可を受けていない"認可外保育施設"が含まれている点が注目される。そして、これらの多様な類型の施設が「地域の実情に応じて住民が選択して利用ができる施設となることが期待される」が、いずれの類型においても、総合施設に求められる機能の質を確保する必要がある、としている。

　同文書は、地域の実情に応じた適切・柔軟な対応が可能となるよう、一定の指針を策定することが必要であると唱え、例えば、職員配置について、0～2歳児では、保育所と同様の職員配置が望ましい、また、3～5歳児では、4時間程度の共通の時間は学級を単位とし、学級ごとに職員を確保するが、8時間程度利用する子どもに対しては個別の対応も必要、としている。職員資格については、0～2歳児では、保育士資格を有する者が従事することが望ましい、また、3～5歳児では幼稚園教諭・保育士の両資格併有が望ましいが、片方の資格のみの保育者を排除することがないよう配慮する、としている。また、施設設備については基本的には幼稚園・保育所双方の基準を満たすべきとしている。論点となっている調理室については設置が望ましいが、既存施設について外部搬入方式を認める場合には、子どもの状態に応じた対応につき、一定の条件づけが必要、などとしている。

　「認定こども園」について、国は「幼稚園と保育所の良いところを活かしな

がら、その両方の役割を果たすことができるような新しい仕組み」、「幼稚園と保育園の制度のすき間にいろいろ生じている問題について、そこを埋めるやり方」などと位置づけ、同施設に全部の施設を一元化するというよりも、従来型の幼稚園・保育所に加えてもう1つ選択肢を増やすことに力点を置いている。他の論者も指摘するように、ここでいう総合化または総合施設は、従前からの「幼保一元化」「保育一元化」論とはまったく異なるものであり、設置の理念・目的をはじめ「認定こども園」制度そのものがきわめて曖昧なものであるといわざるを得ない。否、後述するように、問題はそれだけにとどまるものではない。

3　私立幼稚園にもたらす効果と今後の課題

　以下では、「認定こども園」が私立幼稚園にもたらす効果と今後の課題について考察しておきたい。

　総合施設の制度化について、教育経営的視点から、いくつかの問題点を挙げることができる。すなわち、第1には、保育所における調理室の必置規制緩和に見られるように、施設設備・職員配置に関する基準を引き下げて、既存施設からの転換を推し進めようとしている点である。幼稚園設置基準や児童福祉施設最低基準の規制緩和が図られ、これまで築かれてきた幼児教育・保育の水準を低下させる懸念がある。第2には、国は総合施設の認定のための基準について指針を示すとはいうものの、その具体的内容は地方任せにしているという点である。幼児教育・保育の基準に対する国の公的責任が曖昧になるとともに、幼児教育・保育条件の地方格差・地域格差が拡大することが懸念される。そして、第3には、施設と利用者の直接契約の導入により、入所の選考や保育料の設定を基本的に施設が行うことを原則としている点である。現行の保育所制度においては、市町村が保育の実施責任を負っているが（児童福祉法第24条）、市町村の公的責任が大幅に縮小されることが予想される。

これらの問題点の背景として、ある公的文書が指摘しているように、「少子化や過疎化の進行により、地域によっては、施設運営の効率化などの観点から、保育所と幼稚園について、一体的な設置・運営が求められているところがある」。すなわち、総合施設の制度化は、「保育所運営費の国庫補助負担金の一般財源化と施設・設備、職員配置などの最低基準の引き下げなど規制緩和がセットとなって議論されて」おり、「子どものための施設というよりも国庫負担金を削減した上での新たな財源（一般財源化）で運営することを前提にした施設である」といえるのである。こうした動向の基底には、1990年代以降の官と民、国と地方の役割分担とそれに付随した税財源配分（国庫補助負担金・地方交付税・税財源委譲）の見直し、いわゆる"三位一体改革"があることはいうまでもない。

　では、「認定こども園」は私立幼稚園にとっていかなる効果をもたらすか。これまで見てきたように、同施設の基本的枠組みは現行の幼稚園制度にかなり近いものであるとみなすことができる。すなわち、幼稚園教育は、「認定こども園」と同様、就園を希望する保護者と幼稚園設置者との直接契約に基づいて行われ、保育料の設定も幼稚園設置者が自由に行っている。また、幼稚園は4時間の教育時間を標準としているが、「認定こども園」においてもほぼ同様であり、それ以外の時間はオプション（個別対応）であると捉えられている。さらに、近年、幼稚園では私立園を中心に、「預かり保育」や地域における子育て支援に取り組んできているが、こうした動向は「認定こども園」の基本的機能に適うものである。

　このようなことから、「認定こども園」について、「幼稚園がリードして保育園を吸収していくような形」、「幼稚園教育を保育所保育より一段上に位置づけて議論をまとめている」などと評されている。既述のごとく、少子化による園児減や働く母親の保育所志向などにより、私立幼稚園経営をめぐる環境には大変厳しいものがある。そのため、幼稚園が総合施設化すれば、0歳からの入園が可能となり、経営の安定につながることが期待される。実際、四国のある

県のアンケート調査によれば、幼稚園の約5割（保育所は約2割）が今後、認定を受ける考えを示した、という。ただし、既存の保育所が総合施設化した場合、直接契約になり、今までにはない財政的な不安定感を抱え込むことになる。

　従って、総合施設への転換が予想されるパターンとしては、やはり、全体として園児減に悩む幼稚園が、「保育に欠ける」子どものための保育時間を確保するなど保育所機能を備えてアプライする、できれば、特例としての定員10名の認可保育所を併設し、経常費・施設整備費の助成を受ける、ということになるのではないだろうか。いずれにせよ、私立幼稚園にとっては、それぞれの地域事情（幼児教育・保育行政の対応を含む）を勘案しながら、経営的なメリットがあるか否かの判断が決め手となることは間違いないであろう。

おわりに——幼児教育の無償化・義務化論にふれて——

　「認定こども園」は、経営困難な状況下にある私立幼稚園に対する十分な支援策となるのかどうか、あるいは、同施設が幼稚園・保育所の制度・経営にいかなる影響を及ぼしていくのか、今後の動静を慎重にみきわめていくことが求められる。

　ところで、最近になって、幼児教育の無償化・義務化論が急速に浮上してきている。その背景には、少子化とグローバル化による"幼児期からの「人間力」の向上"という国家的戦略がある。そこでは、これからの幼児教育の方向性として、教育改革の優先課題としてとらえ、幼稚園・保育所の教育機能を強化することが企図されている。[13]「幼小一貫教育の検討」などいくつかの課題は提起されているものの、具体的な施策は未知数である。そうした動きのなかに「認定こども園」はどう位置づいていくのであろうか。

　「認定こども園」の設置及び活用促進に伴い、さらなる規制改革として、保育所における利用者との直接契約の導入や利用者に対する直接補助方式への転換などが提案されている。[14]「認定こども園」が「保育制度『改革』の試行施設」[15]

と称される所以である。

注

1) 参照：伊藤良高「少子化と幼保一元化——今こそ、『保育の権利』を問う」教育と医学の会編『教育と医学』第54巻第4号、慶應義塾大学出版会、2006年4月。
2) 文部科学省初等中等教育局「初中教育ニュース」第22号、2006年1月26日。
3) 厚生労働省「第27回社会保障審議会児童部会議事録」2006年2月27日。
4) 渡邊保博「『総合施設』と今後の保育・幼児教育のあり方」全国保育団体連絡会・保育研究所編『保育白書』2005年版、ひとなる書房、2005年8月、40頁。
5) 参照：全国保育団体連絡会「〈見解〉『認定こども園』（総合施設）について」2006年3月13日。
6) 次世代育成支援システム研究会監修『社会連帯による次世代育成支援に向けて——次世代育成施策の在り方に関する研究会報告書』ぎょうせい、2003年、76頁。
7) 杉山隆一「保育制度改革と総合施設の役割」保育研究所編『月刊・保育情報』第336号、2004年11月、7頁。
8) 同前。
9) 文部科学省・中央教育審議会初等中等教育分科会「幼児教育部会（第3回）議事録・配布資料」（委員発言）、2003年12月1日。
10) 杉山、前掲論文、9頁。
11) 参照：伊藤良高「現代私立幼稚園の経営改革①・私立幼稚園経営の現状と課題」私学経営研究会『私学経営』第372号、2006年2月。
12) 「『認定こども園』設置、議会に条例案」『SHIKOKU・NEWS』四国新聞社、2006年7月8日付。最近のものでは、例えば、全日本私立幼稚園連合会『平成19年度私立幼稚園経営実態調査報告』（2008年2月）によれば、「認定こども園」について、調査回答園（4872園）の21.3%（1040園）が「検討中である」と回答、他方で、「考えていない」はわずか5.7%（282園）にすぎなかった、という結果がでている（24頁）。
13) 参照：伊藤良高「〈公開研究会記録〉保育制度・経営の課題——保育所・幼稚園の在り方——」熊本学園大学付属社会福祉研究所『社会福祉研究所報』第34号、2006年3月。
14) 規制改革・民間開放推進会議「規制改革・民間開放の推進のための重点検討事項に関する中間報告」2006年7月31日。
15) 全国保育団体連絡会、前掲資料。

第5章

認定こども園制度と幼児教育・保育行政の連携

　　はじめに

　近年、幼稚園と保育所のあり方について、「連携強化」「一体化（または一体的運営）」「総合化」「一元化」などをキーワードとする様々な改革案が提起されている。そのなかで、2006年6月、幼稚園・保育所等を問わず、小学校就学前の子どもに対する教育・保育と、保護者に対する子育て支援の総合的な提供を推進するため、「認定こども園」に係る制度を設けることなどを内容とする「就学前の子どもに関する教育、保育等の総合的な提供の推進に関する法律」(以下、就学前保育等推進法と略)が公布された（施行は同年10月）。2008年4月1日現在、都道府県知事による認定（一定の場合は都道府県教育委員会）による認定こども園の設置は、40都道府県・229施設に及んでいる。

　ところで、同制度の実施に際しては、幼児教育・保育行政の推進につき、関係機関の連携確保等教育行政と福祉行政の壁を越えた密接な関係が求められている。例えば、国においては、文部科学省・厚生労働省両省に「幼保連携推進室」を設置し（2006年7月）、認定こども園に関する国民、地方公共団体からの照会への一元的な対応や認定こども園の類型の1つである幼保連携型認定こども園を中心とする補助金（施設整備費、運営費）事務の調整等を行うとしている。また、地方公共団体においては、就学前保育等推進法第11条第2項の趣旨を踏まえ、市町村・都道府県それぞれにおいて一義的な責任を有する部局を決定することなどが求められている。これまで幼児教育・保育界では、乳幼児の「保

育の権利」(「教育の機会均等」理念を含む)保障の観点からの「保育一元化」(ないし幼保一元化)を求める議論のなかで、重要な改革課題の1つとして、幼児教育・保育行政の乖離(いわゆる二元的・縦割り行政)を克服・解消することの必要性が提起されてきている。認定こども園の制度化は、子ども・子育て支援を統一的に管轄する新たな行政制度の構築を展望するものであろうか。また、実際に展開されている施策はそうした方向に向かっているのであろうか。本章では、幼稚園・保育所の「一体化」「一元化」と幼児教育・保育行政の連携について、認定こども園制度を中心にその可能性と幼児教育・保育行政をめぐる課題について論じていきたい。

1　幼稚園・保育所の一体化・一元化と認定こども園の創設

　政府は、2006年1月、総合施設について関連法案を通常国会に提出し、同年10月から、都道府県が認定する「認定こども園」としてスタートさせるという方針を打ち出した。制度の枠組みとしては、幼稚園でも保育所でもない第3の施設類型を新たに設けるのではなく、果たすべき機能に注目し、幼稚園・保育所等のうち、①就学前の子どもに幼児教育・保育を提供する機能、②地域における子育て支援を行う機能、を備える施設について、都道府県による認定制度を設ける方向で検討する、とされた。また、総合施設の認定のための具体的な基準については、地方の実情に応じて適切・柔軟な対応ができるよう、国が定める指針を参酌して都道府県が定めるとされた。既述のごとく、同法案は同年6月、国会で可決成立し、公布された。全国約1000施設の認定が見込まれていたが、翌2007年4月1日現在の認定件数は30都道府県・94園にとどまった。同年11月に出された地方分権改革推進委員会「中間的な取りまとめ」は、国民・住民本位の地方分権改革における重点事項として「幼保一元化」を掲げ、認定こども園制度について「認定等に係る事務処理や会計処理などが複雑であるとの指摘がなされている。したがって、現場の実情を踏まえた運用改善に積

極的に取り組むべきである」と指摘し、幼保一元化に向けた制度改革として、省の枠組みにとらわれない地域の実情に応じた子育て施設の設置や施行5年後とされている認定こども園制度見直しの前倒しなどを提案した。また、2008年2月、厚生労働省による「新待機児童ゼロ作戦」では、保育サービスの量的拡大と提供の多様化の具体的施策の1つとして認定こども園の設置促進が掲げられた。さらに、翌3月に閣議決定された規制改革会議「規制改革推進のための3か年計画（改定）」もまた、「『認定こども園』については、……可及的速やかに実態調査を実施し、認定・認可・補助金に係る申請や会計報告、監査等の事務処理にとどまらず、改善のための方策を講ずる」と提起した。こうした展開のなかで、今日、幼稚園と保育所のあり方について、「幼保一元化」「総合施設」などをキーワードとして、①幼稚園・保育所における教育の等質性の確保、②幼児教育・保育行政の一体化と幼稚園・保育所の施設・人員・運営基準の統一化、③保育所運営費の一般財源化等公費負担・公費助成のあり方（公立園では、2004年度から一般財源化が実施）などが、主要な論点・改革課題となっている。

　幼稚園と保育所の一体化・一元化をめぐる施策はここ数年、新たな段階を迎えつつある。すなわち、地域におけるすべての児童の健全な育成（次世代育成支援）を推進する観点から議論され、その一部は実現に移されつつある。しかし、問題は、ある公的文書がいみじくも指摘しているように、「少子化や過疎化の進行により、地域によっては、施設運営の効率化などの観点から、保育所と幼稚園について、一体的な設置・運営が求められているところがある[1]」という点である。もちろん、乳幼児の育成、教育の機会均等等の理念から公設公営の幼保一体化施設の創設（東京都千代田区、福井県永平寺町等）や共通カリキュラムによる一体化（福島県本宮町、神奈川県箱根町等）など注目される事例も見られるものの、最近の特徴として、地域行政の総合化や合理的・効率的行政運営、施設運営の効率化などのメリットが強調されており、乳幼児の「保育の権利」や「保育の質の向上」という観点から、多くの課題を残すものとなっている。こ

れらの動向の基底には、1990年代以降の官・民、国・地方の役割分担とそれに付随した税財源配分の見直し（三位一体改革）があることはいうまでもない。

認定こども園制度はいかなる特徴と問題点をもつのであろうか。以下では、認定こども園に繋がる総合施設の制度化をめぐる議論から見ておきたい。

総合施設の基本的なあり方については、2004年5月から、文部科学省中央教育審議会幼児教育部会と厚生労働省社会保障審議会児童部会の合同の検討会議が6回審議を行い、同年12月、「就学前の教育・保育を一体として捉えた一貫した総合施設について（審議のまとめ）」（以下、「審議のまとめ」と略）が公表された。同文書は、総合施設の意義・理念について、幼児教育の観点と次世代育成支援の観点から検討するとし、「地域が自主性をもって地域の実情や親の幼児教育・保育のニーズに適切かつ柔軟に対応することができるようにするための新たなサービス提供の枠組みを提示するもの」と捉えている。既存施設からの転換や既存施設の連携などを含め、「積極的に施設の新設を意味するものではない」としている。当初イメージされた幼稚園・保育所と異なる「第3の制度」ではないことが強調されている。

基本的機能については、親の就労事情等に関わらず、幼児教育・保育の機会を提供することが基本であるが、加えて、地域の子育て家庭への相談・助言・支援や親子の交流の場を提供することが重要、としている。都市部では、2万人以上いる待機児童の解消や育児不安の大きい専業主婦への支援、地方では個々の幼稚園・保育所における子ども集団の小規模化改善などが課題とされている。ここでは、保育の実施基準である「保育に欠ける」という文言は直接的に見当たらない。利用対象者は、0歳から就学前の子どもとその保護者を基本としている。利用時間は、すべての子どもを対象とした共通教育・保育時間とオプションによるニーズ対応、また、利用形態については、利用者と施設が向き合う直接契約が望ましいとしている。教育・保育の内容や職員配置・施設設備など、総合施設の内容にかかわる部分がまだ十分に煮詰められていない。財政措置については、総合施設という新たな枠組みにふさわしい費用負担の仕組

みの検討が必要、としている。

　また、2006年3月には、学識経験者・有識者等による総合施設モデル事業評価委員会から「総合施設モデル事業の評価について（最終まとめ）」が提出された。同文書は、2005年12月の同「中間まとめ」を経て、モデル事業の実施状況を検証・評価し、総合施設のあり方についての考えを整理したものである。「審議のまとめ」を踏まえ、モデル事業を、① 幼保連携型（幼稚園と保育所の連携・一体的運営）、② 幼稚園型（幼稚園の機能拡充）、③ 保育所型（保育所の機能拡充）、④ 地方裁量型（幼稚園・保育所のいずれの認可もない地域の教育・保育施設）の4類型に分類している。幼稚園・保育所のどちらか一方または両方とも認可を受けていない認可外保育施設が含まれている点が注目される。そして、いずれの類型においても、総合施設に求められる機能の質を確保する必要がある、としている。また、地域の実情に応じた適切・柔軟な対応が可能となるよう、一定の指針を策定することが必要であると唱え、例えば、職員配置について、0〜2歳児では、保育所と同様の職員配置が望ましい、また、3〜5歳児では、4時間程度の共通の時間は学級を単位とし、学級ごとに職員を確保するが、8時間程度利用する子どもに対しては個別の対応も必要、としている。施設設備のうち、調理室については設置が望ましいが、既存施設について外部搬入方式を認める場合には、子どもの状態に応じた対応につき、一定の条件づけが必要としている。

　認定こども園について、国は、「幼稚園と保育所の良いところを活かしながら、その両方の役割を果たすことができるような新しい仕組み」、「幼稚園と保育所の制度のすき間にいろいろ生じている問題について、そこを埋めるやり方」などと位置づけ、同施設に全部の施設を一元化するというより、従来型の幼稚園・保育所に加えてもう1つ選択肢を増やすことに力点を置いている。ここでいう総合化または総合施設は、乳幼児の「保育の権利」を踏まえた「保育一元化」「幼保一元化」論とは異なるものであり、設置の理念・目的をはじめ、認定こども園制度そのものがきわめて曖昧なものであるといわざるをえない。

すなわち、「審議のまとめ」に端的に見られる総合施設構想は、① 全国各地で行われてきた幼稚園・保育所の一体化との動きとの違いが不明瞭で、なぜその設置が主張されるのか、その意図さえも定かではない、② 総合施設の制度設計をするうえで欠くことのできない財政上の問題や教育・保育の内容について論及していない[2]、などが問題点として指摘される。また、そのプロセスについても、一部のモデル事業実施園において、子どもの年齢に応じた給食の提供等の面できめ細かな対応が行われない状況が懸念されたにもかかわらず、なぜモデル園として指定されたのか、理解に苦しむケースも見られた。このように、総合施設の制度化に向けての取組が、あるべき幼保一元化への本質的な議論と十分な準備期間を経ずに性急に進められ、今日に至っているという感が否めない。

　制定された就学前保育等推進法は、その目的を、「幼稚園及び保育所等における小学校就学前の子どもに対する教育及び保育並びに保護者に対する子育て支援の総合的な提供を推進するための措置を講じ、もって地域において子どもが健やかに育成される環境の整備に資する」（第1条）と規定している。具体的には、① 幼稚園及び保育所のうち、就学前の子どもに対する教育及び保育を一体的に提供するとともに、地域における子育て支援事業を行うものは、認定こども園の認定を受けることができるものとし、当該認定の基準は、文部科学大臣と厚生労働大臣とが協議して定める基準を参酌して都道府県の条例で定めること、② 幼稚園と保育所とが一体的に設置される認定こども園について、同幼稚園・保育所の設置者が学校法人または社会福祉法人のいずれであっても、児童福祉法・私立学校振興助成法に基づく助成対象とできるよう、これらの法律の特例を規定すること、などが示されている。政府の公的資料によれば、認定こども園制度は「就学前の教育・保育のニーズに対応する新たな選択肢」であり、「幼稚園・保育所等の施設と、家庭、地域とがひとつになり、子どもがすこやかに育成される環境が作られる」ことをめざすものとして積極的に位置づけられている。

総合施設の制度化としての認定こども園について、教育行政学的視点から、いくつかの問題点を挙げることができる。第1には、保育所における調理室の必置義務緩和に見られるように、施設設備・職員配置に関する基準を引き下げて、既存施設からの転換を推し進めようとしている点である。幼稚園設置基準や児童福祉施設最低基準の緩和が図られ、これまで築かれてきた幼児教育・保育の水準を大きく低下させる懸念がある。第2には、国は認定こども園の認定のための基準について指針を示しているとはいうものの、認可外保育施設（地方裁量型）の認定など、その具体的対応は地方任せにしているという点である。幼児教育・保育条件の地方格差・地域格差が拡大することが懸念される。そして、第3には、施設と利用者の直接契約の導入により、入所の選考や保育料の設定を基本的に施設が行うことを原則としていることである。現行の保育所制度においては、市町村が保育の実施責任を負っているが（児童福祉法第24条）、市町村の公的責任が大幅に縮小されることが懸念される。総合施設の制度化は、「保育所運営費の国庫補助負担金の一般財源化と施設・設備、職員配置などの最低基準の引き下げなど規制緩和がセットとなって議論されて」おり、「子どものための施設というよりも国庫負担金を削減した上での新たな財源（一般財源化）で運営することを前提にした施設である」[3]といえるのである。

2 認定こども園制度に係る関係機関の連携協力

先述の「審議のまとめ」において、総合施設の基本的なあり方の1つとして、「地方公共団体における設置等の認可・監督等の体制」が提起されている。すなわち、「幼稚園及び保育所については、国においても所管する省庁が異なるが、地方公共団体においても、幼稚園と保育所で、また幼稚園の中でも公立と私立で、設置等の認可や監督、管理運営等に関して、担当する部署が異なっている」ため、総合施設の設置等の認可や監督、管理運営等の体制については、「事務の簡素化・効率化が図られるなど、行政の縦割りによる弊害が是正され、

地域の実情に応じた柔軟な対応が可能となるようにすべきである」。そして、総合施設については、「教育委員会と福祉担当部署との適切な連携に配慮しつつ、地方公共団体の実情に応じて、設置等の認可や監督・管理運営等を行う部署を決定することができるようにすることが適当」であり、「小学校を所管する教育委員会や保健・福祉関係機関を所管する部署と幼稚園、保育所、総合施設との連携が図られるようにすることが必要である」。ここでは、これまでの幼児教育・保育行政、特に幼稚園行政・保育所行政のあり方について、二元的行政または縦割り行政の弊害が指摘され、地域の実情に応じた幼児教育・保育行政及び幼稚園・保育所・総合施設の連携を改革課題として掲げている。

　前述のように、総合施設の制度化に至るプロセスのなかで、関係機関の連携協力については、地域行政の総合化や合理的・効率的行政運営、施設運営の効率化等がスローガンとされている。そして、それは、1996年12月の地方分権推進委員会第1次報告など、文部科学省・厚生労働省以外の省庁等から提起されているのが特徴的である。近年における地方分権改革や規制緩和・改革の流れのなかで、幼稚園・保育所の施設の共用化や教員・保育士の人事交流、幼稚園児・保育所児の合同保育、保育の実施に係る事務の教育委員会への委任容認などが推進され、さらに、少子化・過疎化の進行や自治体の財政難等に伴う保育施設の統廃合の動きもあって、特に地方自治体レベルで加速度的に展開されつつある。

　国にあっては、認定こども園制度の創設を契機に、制度の実施など幼稚園・保育所の連携をさらに進めるために、文部科学省・厚生労働省両省に「幼保連携推進室」を設置し、関係者の研究会における業務説明や個別園の相談対応、認定こども園に関するパンフレット配布、ホームページの開設・更新等に取り組んでいる。こうした動きは、文部科学省・厚生労働省が取り組んできた両省間協議など連携協力の延長線上にあるものととらえられる。

　就学前保育等推進法の施行にあたって発出された文部科学省・厚生労働省通知 (2006年9月8日付)[4] は、「関係機関の連携の確保」について、まず、「就学前

の子どもに関する教育、保育等を一体的に提供する新たな枠組みである認定こども園制度の実施に際しては、教育行政と福祉行政の壁を越えた密接な連携を図る必要性が高い」と述べている。そして、そのうえで、① 都道府県知事は、認定こども園の認定やその取り消しを行おうとするときは、あらかじめ幼稚園・保育所・認可外保育施設に対する認可や指導監督の権限を有する地方公共団体の機関に協議しなければならないこと（同第11条第1項）、② 認定こども園に関する事務を円滑かつ適正に実施していくために、就学前の子どもに関する教育及び保育に関する事務を行う地方公共団体の長及び教育委員会が相互に緊密な連携を図りつつ協力しなければならないものであること（同条第2項）を留意すべき事項として掲げている。

また、別の関連する通知（2006年9月15日付）[5]では、関係機関の連携協力の具体的内容が示されている。すなわち、利用者、事業者（施設）、地方公共団体という3つの視点から、市町村及び都道府県における対応策について示唆している。例えば、利用者の視点から、「認定こども園を含む就学前の教育及び保育並びに子育て支援について、十分な情報を得た上で、自らのニーズに最適な施設やサービスの選択が行われるとともに、サービスの利用開始後も、相談や苦情に的確な対応が行われることが求められる」として、市町村に対しては、① 認定こども園に関し、市町村において一義的な責任を負う部局を決定すること、② 利用者や住民からのサービス利用に関する相談や照会への対応について、統一的な認定こども園に関する窓口などを設けること、③ 利用者や住民に対する広報やホームページを含む情報提供について、認定こども園ほか就学前の教育・保育、子育て支援に関する総合的な情報提供を図ること、を求めている。また、地方公共団体の視点から、認定こども園制度を円滑に施行するために、「地方公共団体の事務負担の軽減、ひいては利用者や事業者（施設）の便宜に資するよう、国においても文部科学省と厚生労働省の連携協力を強化する必要がある」などと述べている。

2008年4月、文部科学省・中央教育審議会から出された「教育振興基本計画

について（答申）」は、今後5年間に総合的かつ計画的に取り組むべき施策の1つとして、幼児期教育の推進及び豊かな心と健やかな身体の育成という観点から、認定こども園を「今回の計画期間中のできる限り早期に認定件数が2000件以上になることを目指し、制度の普及啓発や幼保連携型認定こども園への移行に向けて運用改善など必要な支援を講じる」と述べているが、文部科学省・厚生労働省は、2008年5月、認定を受けた施設や当該施設を利用する保護者、当該施設のある市町村、都道府県を対象に実施した「認定こども園制度の運用上の課題等に関する実態調査」（同年3月）を踏まえ、本制度の推進方策を早急に検討し、具体的な普及促進策や運用改善策など総合的な支援方策を講じることを目的として、「認定こども園制度の普及促進等に関する検討会」（両省局長を筆頭とした事務レベルの会議）を発足させた。同上調査では、認定を受けた施設にとって、行政が取り組むべき課題として、「文部科学省と厚生労働省の連携強化」(41.5％)、「財務状況の改善」(38.5％)、「会計事務処理の改善」(31.5％)、「制度の普及啓発活動」(29.2％)、「申請手続きの簡素化」(21.5％)、「都道府県と市町村の連携強化」(18.5％)等を挙げる者が多かった、という。同検討会は、「新待機児童ゼロ作戦」の集中実施期間（2008～2010年度）における当面の改善方策について、2008年夏頃を目処に検討を行う、としている。

　ところで、秋川陽一は、総合施設の制度化にあたり、国レベルにおける関係機関の連携協力について、近年における全国の幼保一体的・一元的運営の広がりからしても、「国の幼稚園（文部科学省）と保育所（厚生労働省）の所管が異なるというのは、それこそ非効率的である」、「子ども関連行政の領域は非常に幅広く（現状としては、あらゆる省庁にまたがっているといってよい）、すぐに再編が難しいなら、とりあえず幼稚園と保育所の所管（幼保の関係課）を合体させることが望ましいのではないか」、そして、「幼保所管の合体は、当面の幼保の改革を進めるための"便法"であり、とりわけ幼保の保育内容・設置基準の共通化や幼稚園教員と保育士の養成・資格・身分・待遇等の統一化などを改革の俎上に乗せるための一歩として捉えたい」と述べたが、これらの指摘は、まさしく正

鵠を射たものであるといえよう。すなわち、子どもの人権保障をめざす幼保一元化の改革課題の1つとして、幼稚園行政と保育所行政の統一化を掲げるとともに、幼児教育・保育行政を乳幼児の「保育の権利」保障という目的をより良く達成するための手段・方法としてとらえている。しかし、これまで見てきたように、現実的には、総合施設としての認定こども園制度は、政治的・経済的な"妥協の産物"として制度化されたのであり、既存の文科・厚労両省の管轄を守りつつ、一元化の要望に配慮したものと見ることができる。その基底にあるものは、文部科学省と厚生労働省のセクショナリズムである。いくつかの地方自治体では、こども家庭局・子ども未来局・こども課・子育て支援課等の創設の動きが見られるが、子ども・子育て支援を総合的・統一的に管轄する行政制度の構築はどうあるべきかが問われている。

3　幼児教育・保育行政をめぐる論点と課題

　2008年4月、経済財政諮問会議において、有識者議員による「3年間で220万人の雇用充実に向けて」と題する資料が提出された。同文書は、子ども期の就業促進策として、利用者の立場に立った保育サービスの規制改革を求め、「認定こども園等の『二重行政』を解消する」と提案した。認定こども園整備の進捗状況が遅い原因を、厚生労働省と文部科学省の「二重行政」にある、と批判している。また、同5月には、同「認定こども園の改革について」と題する文書が出されたが、「二重行政」の問題点として、補助金の相互不可侵、手続き・監査の重複を掲げ、解決の方向性として、①「こども交付金」の導入、②「手続き・監査窓口」の一本化、③「共同推進本部」を設置、を指摘している。

　既述のごとく、認定こども園制度の創設を契機に、施策的に、幼児教育・保育行政、特に幼稚園行政・保育所行政、さらには、幼稚園・保育所等子育て施設（園経営を含む）のあり方が問われている。そこには、いかなる視点と方向性

を、また、当面の幼児教育・保育行政をめぐる課題と展望をどのように描くことができるのであろうか。かつて、村山祐一は、戦後日本におけるいわゆる「幼保一元化」論議を、①戦後制度の発足当時の議論、②1960年代前期の「人づくり政策」を背景としての論議、③70年代中教審「学制改革答申」をめぐっての論議、④80年代前後からの臨調「行革」・「教育臨調」（臨教審）路線下での論議、の4つに大別したが、さらに、今日では、⑤90年代以降における少子高齢化・人口減少を背景とした新自由主義に基づく社会福祉（基礎構造）改革・教育改革下での論議、と位置づけることができよう。このように、これまで「幼保一元化」については様々な立場から取り組まれ、幾多の見解・構想が提起されてきたが、乳幼児の「保育の権利」保障の観点から、現代においてもなお、大きなヒントを与えてくれているものの1つが、第1次・第2次教育制度検討委員会報告書（1974年・1983年）である。

　同委員会は、子どもの権利と母親（または父親を含めた親）の権利の同時保障という観点から、教育と福祉の両機能を統一した「保育」概念に基づいた「保育園」構想を提唱した。同構想は、保育行政の一元化や長時間の開園、3歳を境に大まかに前期・後期に分けての保育、保育園の適正配置、医療施設の付設、保育料の無償化、高い専門的力量を持った保育者の養成、保育内容の一元化、労働時間の短縮などを掲げ、当面の措置として、公立保育所・幼稚園の増設、保育所規模の適正化、保育者の増員、無認可保育所への大幅助成、幼稚園における時間延長の制度的保障、保育料無償化への努力、保育者養成の一元化、保育者の勤務条件の改善などを提唱した。1970年代以降提唱されてきた「教育と福祉（乳幼児の発達と生活）の統一」「教育福祉」の議論を踏まえ、家庭保育を含む新たな保育思想の確立を前提に、保育制度の一元化を志向している点が特徴的であるといえる。しかし、その後において現実に展開されている施策は、制度・運営面をコアに、地方分権改革、規制緩和・改革の流れのなかで、財政効率を最優先させた一体化・一元化論や制度再編成に過ぎず、あるべき「保育一元化」「幼保一元化」への道のりはあまりに遠いといわねばならない。

ところで、先の村山は、望ましい保育制度一元化の基本原則として、以下の6つを掲げている[9]。すなわち、①保育行政についての自治権の確立と住民自治の原則をきちんと位置づけること、②財政負担については公費負担原則を基本にすすめること、③地域性を基本として地域に根ざした保育を確立すること、④保育の自主性・創造性と民主的運営を確立すること、⑤私立の公共性と主体性・独自性について、⑥地域の親と子の家庭生活に密着した保育のネットワークを築いていくこと、であるが、幼児教育・保育行政のあり方として、「自治権の確立」「住民自治」「公費負担主義」「地域性」などをキーワードとしている点が注目される。また、近藤正春は、保育制度改革の基本原理について、保育内容・条件整備・財政の統一的な制度原理としての「自治」と「参加」の原理に着目し、幼児教育・保育行政に関連して、「子どもの健やかな成長と発達を保障する方向での諸機関及び行政の共同と統合」などについて論じている。その立場から、「自治と参加にもとづく保育制度改革は、保育制度を統合的な制度として確立していくこと、そして、保育にかかわる機関や人びととの関係を共同的な関係において実現していくことと不可分である」[10]と指摘している。筆者は、近年、幼児教育・保育行政及び幼稚園経営・保育所経営の理論的・実践的課題の探究に資する概念として「保育経営（または地域保育経営）」「保育自治」[11]を提起してきているが、その立論の基本的視座として、これらの主張と軌を一にするところが少なくない。特に近藤が「乳幼児の保育を実際におこなっている機関や、それらに接続している学校が相互にどのような関係をつくっていくのか、また、保育制度のあり方をさまざまに規定している関連諸行政（教育、福祉、医療、労働行政等）が相互にどのような関係をつくっていくのかということは、保育制度のあり方にとっての基本問題のひとつである」[12]と述べ、地方公共団体の行政における真の自治と参加という視点から、教育、福祉、医療、労働行政等についてより統合的な行政のあり方を考究しようとしている点は重要である。なぜなら、「関係諸機関、諸行政が、子どものすこやかな成長と発達に共同して責任を負うために保育制度の内容をも問い直しつつ、その

統合的なあり方を追求していくことが課題となっている」[13]からである。

　今後、乳幼児の「保育の権利」保障をめざす幼児教育・保育行政はどのような方向性をめざし、何を課題とすべきか。"保育制度改革の試行施設"と位置づけられている認定こども園制度のあり様は、その近未来の制度設計を占う試金石になるのではないかと思われる。就学前保育等推進法は、認定こども園について、「小学校就学前の子どもの教育及び保育に対する需要」「幼稚園及び保育所等における小学校就学前の子どもに対する教育及び保育」(同第1条)ほかを提供する制度として位置づけ、その認定手続等において、「当該施設が幼稚園である場合にあっては、幼稚園教育要領に従って編成された教育課程に基づく教育を行うほか、……」または「当該施設が保育所等である場合にあっては、児童福祉法第39条第1項に規定する幼児に対する保育を行うほか、……」(同第3条)などと定めている。ここにおいて肝要であることは、幼稚園については「教育」を提供する教育機関として、保育所等については「保育」を提供する児童福祉施設として区分してとらえている点である。また、その制度設計として、同施設の基本的枠組みは、現行の幼稚園制度にかなり近いものであるとみなすことができる点である。すなわち、幼稚園教育は、認定こども園と同様、就園を希望する保護者と幼稚園設置者との直接契約に基づいて行われ、保育料の設定も幼稚園設置者が自由に行っている。また、幼稚園は4時間の教育時間を標準としているが、認定子ども園においても同様のスタンスであり、それ以外の時間はオプション(個別的対応)としてとらえられている。こうした幼稚園の「保育」(学校教育法第22条)と保育所の「保育」とは違うものであるという理解の仕方については、「保育所・幼稚園の『保育』は、『養護』と『教育』の統一という概念をさらに発展させることが求められている」[14]のであり、「0歳から2歳児の集団保育を否定し、教育を位置づけないということは、保育と教育を分離し、保育を教育の下に置くものに他ならない」[15]といった批判が少なくないが、こうした指摘は、保育の原理から至極当然であるといえよう。

　なぜ、こうした状況が生まれるのであろうか。その背景には、ここ数年、幼

児教育の義務化・無償化論が浮上するなど、少子化とグローバル化による"幼児期からの「人間力」の向上"という国家的戦略がある。そこでは、これからの幼児（期）教育の方向性として、教育改革の優先課題としてとらえ、認定こども園を含む、幼稚園・保育所等保育施設の教育機能を強化することが企図されている。教育基本法の全部改正（2006年12月）による「幼児期の教育」（第11条）などの条項の新設規定や、それに伴う学校教育法の一部改正（2007年6月）による学校種のトップとしての幼稚園の位置づけ（第3章）や目的・目標規定の改正（第22条・第23条）などは、そうした流れのなかにあるものといえる。国・地方自治体双方のレベルにおける子ども・子育て支援を統一的に管轄する新たな行政制度の構築とは、「教育」が「保育」に優先するのでなく、「養護」（または保護）と「教育」を一体的なものとしてとらえた「保育」思想に基づく制度設計でなければならないことはいうまでもない。すでに、1980年代後半から、「教育、福祉、医療行政、とりわけ医療行政からの対応が、障害乳幼児のゆきとどいた療育保障のうえで、今日もっとも遅れている分野であり、より統合的な行政のあり方が、障害乳幼児をふくむすべての乳幼児の発達保障のための保育条件の総合的な整備のうえから求められている」[16]という指摘がなされているが、労働・保健・生活環境等その他隣接する行政領域を含め、現代において改めて、乳幼児の「保育の権利」及び親・保護者の「文化的に生活する権利」「労働する権利」「市民的活動の権利」の保障を中心に、換言すれば、乳幼児のウェルビーイング（幸福）と親・保護者のウェルビーイングの同時的・統一的保障という観点から、その内実が豊かにされていく必要があろう。幼児教育・保育行政の一体化・一元化は、上記の「保育」をベースにした「子ども家庭福祉」の理念に即して進められていくことが望ましい。

注
1) 次世代育成支援システム研究会監修『社会連帯による次世代育成支援に向けて——次世代育成支援施策の在り方に関する研究会報告書』ぎょうせい、2003年、76頁。

2） 秋川陽一「子どもの人権保障を目指す幼保一元化の改革課題」日本教育制度学会編『教育改革への提言集〔第4集〕——改革はここから——』東信堂、2005年、34-36頁。
3） 杉山隆一「保育制度改革と総合施設の役割」保育研究所編『月刊・保育情報』第336号、2004年11月、7頁。
4） 文部科学省初等中等教育・厚生労働省雇用均等・児童家庭局長連名通知「就学前の子どもに関する教育、保育等の総合的な提供の推進に関する法律等の施行について」（2006年9月8日。18文科初第592号・雇児発第0908002号。2007年6月12日雇児発第0612006号改正現在）。
5） 文部科学省初等中等教育局幼児教育課・厚生労働省雇用均等・児童家庭局保育課長連名通知「就学前の子どもに関する教育、保育等の総合的な提供の推進に関する法律等の施行に際しての留意事項について」（2006年9月15日。18初幼教第6号・雇児保発第0915001号）。
6） 秋川、前掲論文、40頁。
7） 同前、40-41頁。
8） 村山祐一「保育一元化へのすじみち」青木一他編『保育幼児教育体系——これからの保育：保育幼児教育の制度と運動』第6巻第12号、労働旬報社、1987年、79頁。
9） 同前、101-103頁。
10） 近藤正春「保育制度改革とはなにか」青木一他編『保育幼児教育体系——これからの保育：保育幼児教育の制度と運動』第6巻第12号、労働旬報社、11頁。
11） 伊藤良高『〔増補版〕現代保育所経営論——保育自治の探究——』北樹出版、2002年。同『幼児教育の明日を拓く幼稚園経営——視点と課題——』北樹出版、2004年、等を参照されたい。
12） 近藤、前掲論文、11頁。
13） 同前、13頁。
14） 全国保育団体連絡会「〈見解〉幼保『総合施設』をどう考えるか」全国保育団体連絡会・保育研究所編『保育白書』2005年版、ひとなる書房、104頁。
15） 同前、105頁。
16） 近藤、前掲論文、12頁。

第6章

私立幼稚園経営改革と園経営者の経営能力

はじめに──私立幼稚園経営は園経営者で決まる──

　ある論者はいう。「集団保育施設の長としての園長は、人格的にも周囲から尊敬され、信頼される存在でなければならないし、保育の仕事に対しても強い情熱をもつと同時に、専門職としての豊かな体験と知識の持ち主でなければならない。つまり、人格と専門性の両面に保育というきわめて重要な仕事を遂行する施設の長としてふさわしい高度なものが要求される存在なのである[1]」。

　よく、学校経営の成否は、校長の人物・識見・手腕の如何によって大きく左右されるという場合も多い、と指摘される。幼稚園・保育所においても同様に、「園長が代われば、園の雰囲気はもちろん、職員や子どもの様子までが変わる[2]」などといわれたりすることが少なくない。それは、園長がその施設を代表する存在であり、園長の姿勢によってその施設のイメージが作られる、あるいは、園経営は園長の資質・力量で決まる、といってもよいことを如実に示すものである。

　これまで私立幼稚園界は一般に、私立幼稚園を「幼児の育つ可能性を豊かに培い、はぐくみ、そして育てることを願い、地域の実態や親の教育的関心や意識を踏まえながら、自らが正しいと思う幼児教育の理念の具現に向けて、民間の有志により、公共的な意図を持って設立された幼稚園[3]」と捉え、「父母や地域社会との交流連携を通して、それぞれの地域に根づき、それぞれに子どもを主体とした特色のある教育実践が伝統となって園風を形成し、地域社会におけ

る幼児教育センターとしての役割をも担い、そこからまた幼稚園教育に取り組む新しい力を生み出す」ことを理想としてきた。[4]

　しかし、教育経営（教育マネジメント）の側面から見れば、「これまで『幼稚園経営』やその『経営者の育成』といったことが、学界や保育現場において正面切って捉えられてこなかったため、これらについては、体系化された理論や経営者を育成するという観点が殆どなかったことも否定できない」[5]といえよう。私立幼稚園においては、「『経営』そのものの未分化、経営自体が経営者各人の経験や勘に頼る場合が多かった」[6]のである。

　本章は、私立幼稚園経営改革における園経営者（ここでは、園長をさす）の役割と経営能力について考察することを目的としている。まず、私立幼稚園経営改革の理念と構造について明らかにする。次いで、私立幼稚園経営改革における園経営者の役割について検討する。そして、最後に、私立幼稚園をめぐる諸状況が大きく変化するなかで、今日、園経営者に求められる経営能力とは何かについて整理、叙述する。私立幼稚園教育の明日を拓く園経営者像とはいかなるものか、経営的資質・力量を中心に論じたい。

1　私立幼稚園経営改革の理念と構造

　今日、私立幼稚園は、かつてないほど、厳しい経営環境に置かれている。全日本私立幼稚園連合会（以下、全日私幼連と略）が発行している『平成19年度私立幼稚園経営実態調査報告』(2008年2月) によれば、「私立幼稚園の置かれている状況は、たいへん厳しい」[7]、「私学の永続性の確保にはほど遠い」[8]という状況にあるが、少子化による園児減や働く親の保育所志向に加え、総合施設「認定こども園」への対応、補助金の一般財源化への流れなど、先行き不透明なことと合わせて、私立幼稚園経営は、危機と混迷の時代にあるといってよい。

　こうしたなかにあって、ここ数年、全日私幼連は、「生き残りを賭けた教育経営への先見性と先進性が存亡の分岐点となる時を迎えた」[9]と述べ、新世紀の

第6章　私立幼稚園経営改革と園経営者の経営能力　65

創造にふさわしい、地域にねざした幼児教育施設として、私学の独自性と創造性を発揮しつつ、地域住民や保護者から支持される"魅力ある幼稚園づくり"を最重視してきている。そして、保護者・地域住民から信頼を得られる人的環境の整備、私学独自の豊かな教育内容の確立、社会に対する私立幼稚園の存在意義のアピールなどを重要な経営戦略と捉えている。

　いうまでもなく、幼稚園経営の改革ないし改善は、私立幼稚園界全体のみならず、各園においても、それぞれ固有の理念・状況を踏まえつつ、独自に取り組むべき課題である。ある論者の指摘に従えば、「各園がその存続を賭けて競う時代の到来は、各園に対してそれぞれの所謂『キンダーガルテン・アイデンティティ』("kindergarten identity")の確立を求め、さらには幼稚園の経営戦略(management strategy)の必要性を問うものに他ならない」[10]。時代的背景の変化のなかで、これまでの私立幼稚園経営のあり方を見直し、新しい幼稚園経営の理念と構造、方法と実践を体系的に追究していくことが求められているのである。

　では、そもそも、幼稚園経営とはどのような概念であろうか。幼稚園経営の類概念である「学校経営」については、「その制度的に確定された学校組織機構自体を外的及び内的環境の変化に対応して変化させていくこと」[11]などと解されているが、いま、子どもの「教育(保育)を受ける権利」(憲法第26条)の保障という観点から捉えれば、「子どもの『教育を受ける権利』保障という目的を効果的に達成するために、幼稚園の諸組織諸施設を管理運営すること」である、ということができよう。近年、幼稚園の新しい役割・機能として求められている「親と子の育ちの場」という捉え方については、「親が育てば子も育つ(または、親が育たなければ子も育たない)」という意味で、子どもの「教育を受ける権利」保障の基底的条件・要素をなすものとして位置づけておきたい。

　こうした幼稚園経営は、次のような視点に立つことが必要である。すなわち、第1には、幼稚園経営それ自身に目的があるのではないということである。幼稚園経営はあくまでも幼児教育本来の目的を達成するための手段にすぎない。

幼児教育のために園経営があるのであって、園経営のために幼児教育があるのではないということである。そして、第2には、幼稚園経営はそれ自身では完結しないということである。幼稚園経営は、国・地方の幼児教育行政、幼稚園が位置する地域社会と密接な関係を有している。園経営を幼児教育行政や地域社会との関係構造のなかでとらえることが大切である。それが円滑に行われるためには、民主的で適切な幼児教育行政、地域社会との緊密な連携が不可欠である。[12]

　幼稚園経営の領域については、教育行政学でいう「教育の内的事項・外的事項」（前者は教育の内容面をなすことがら、後者は教育の外的条件をなすことがらをさす）をベースにすれば、①教育の内的条件に関する分野―教育課程・指導計画の作成、幼児教育の実践と評価など、②教育の外的条件に関する分野―施設設備等の環境整備、庶務・会計の事務など、③教育の対外的条件に関する分野――PTA（父母の会）の活動、病院・保健所・小学校等との連携など、に分類することができる。学校経営学の泰斗・中谷彪氏は、学校経営について、「多方面にわたる領域があるとはいえ、それらには重要性の比重がある」[13]と述べ、教育活動の経営を中核に、他の領域の経営を構造的に位置づけることを提唱している。この指摘は、幼稚園経営についてもあてはめることができる。すなわち、幼稚園経営は、①の経営を基盤におき、これが円滑に行われるために②が図られ、③が進められるということである。近年、幼児教育においても「教育の質の向上」などが課題とされているが、上述の視点や構造を踏まえた私立幼稚園経営改革が志向されることが大切である。

2　私立幼稚園経営改革における園経営者の役割

　私立幼稚園経営改革を推進していくためには、各園が直面している経営問題を正しく認識し、改革・改善課題を明確化することから始めなければならない。そして、新たな経営ビジョン（短期・中期・長期）を提示し、そのために必要な

経営戦略を構築しなければならない。こうした一連の取組は、組織的・合理的・機能的に進められていく必要がある。

　私立幼稚園経営改革において、園経営者である園長はいかなる役割をはたすべきであろうか。園長の位置づけ・職務については、学校教育法において、「園長を置かなければならない」（第27条）とされ、「園長は、園務をつかさどり、所属職員を監督する」（同条第4項）と規定されている。また、その資格については、学校教育法施行規則において、教育職員免許法による教諭の専修免許状または一種免許状を有し、かつ、園長・教諭・事務職員等として5年以上勤務したこと、あるいは教育に関する職に10年以上あったこと（第20条）とされている。ただし、私立園にあっては、この規定を若干緩やかにした特例規定が設けられている（第21条）。さらに、幼稚園の運営上特に必要がある場合には、免許状によらない園長の任用を行うことができる（第22条）とされている。

　これらの法的規定から、園長は幼稚園・教職員を代表するとともに、幼稚園経営を全般にわたって統括する最高責任者（マネージャー）である、と解すことができる。園長の職務のうちの「園務」とは、人的・物的・財政的条件の管理や教育運営など、園全体としてなすべきすべての仕事をさしている。また、「監督」とは、教職員に対して、職務の遂行・分担の指示や職員の服務の監督など、職務上の監督を行うことをいう。すなわち、園長とは、当該幼稚園経営を日常的・直接的・恒常的に担う存在であるのである。しかし、ここで留意しなければならないことは、教頭（または副園長）・主任（または主幹）教諭以下、[14]教職員との協働体制の確立である。幼稚園経営は園長一人でなしうるものではなく、教職員の協力と参加を欠くことができないのである。ある論者はこう語る。「校長（園長）の権限と責任が学校教育全般にわたるといっても、教員の教育活動や教育指導においては、校長が抑圧的である方がうまく行くということも少なくない。校長の専門的立場からする指導助言が望まれるゆえんである」[15]。権限や命令を振りかざす管理職としてよりも、「教職の先達（またはスーパーバイザー）」「教師のなかの教師」として専門的指導力を発揮することが大切である。

ところで、近年、学校経営領域では、"戦後第3の学校経営改革"と称される学校経営改革が進められている。その特徴は、地方分権と規制改革を改革の原理として展開された「学校の自主性・自律性の確立」にある。具体的には、学校の権限拡大や校長の権限拡大・強化、説明責任や学校評価に基づく学校の経営責任の明確化、学校評議員制あるいはその類似制度の導入による参加型学校経営、などである。自己経営や現場主義経営（Site-Based Management）に基づく経営体としての学校の成果が問われるなかで、これまでのものとは異なる新たな力量が校長に要求されている。すなわち、校長は教育実践者としての力量に加え、経営的発想を持ち、スクールリーダー（学校指導者）としての経営力（マネジメント能力）と強いリーダーシップが求められている。幼稚園経営においても、これとほぼ同様の状況にある、といってよい。

私立幼稚園界では、一般に「義務教育段階の公立学校と比べて、財源の制限が相対的に少なく、法的規制が比較的緩やかであり、また施設長のイニシアチブやリーダーシップが強力に発揮できる」[16]ととらえられてきた。実際、私立幼稚園にあっては、各園における固有のアイデンティティの確立やストラテジーの策定などが重要な経営課題として認識され、さまざまな形で模索されてきた。しかし、上で見たような傾向が強まるなかで、保育学・教育学、特に教育経営という視点から、私立幼稚園経営改革における園経営者の役割を改めて問い直そうとする動きも現れてきている。[17]

別の機会に詳述した[18]ように、類似施設である保育所の長に比べて、法制度的位置づけは一定程度あるとはいえるものの、幼稚園・教職員のリーダーである園長の養成（私立園では、二世・三世など後継者育成を含む）・研修制度の確立をはじめ、園長の専門性、とりわけ経営能力の育成・向上をどのように図っていくかが重要なイッシューとなりつつある。

3　園経営者に求められる経営能力

　では、園経営者に求められる経営能力とはいかなるものであるか。以下では、仮説的ないし試論的であるが、学校経営領域におけるスクールリーダー論を参考にしながら、この点について整理、叙述しておきたい。
　すでに指摘したように、現代のスクールリーダーは、従前以上により大きな自律性と裁量権限を与えられ、学校を自らマネジメントする「経営者」としての役割を強調されてきている。言い換えれば、新しいスクールリーダーには、学校経営における2つの重要な機能である「リーダーシップ」機能と「マネジメント」機能が求められている。
　ある論者は、現代のスクールリーダーに不可欠な力量について、次のように指摘している。すなわち、スクールリーダーの力量をスキルとしてみた場合、「テクニカルスキル」「ヒューマンスキル」「コンセプチュアルスキル」に分けることができる。また、経営過程から見た場合、「企画能力」「経営実践能力」「評価能力」「調整能力」に分けられる。また、「暗黙知と形式知」という分け方もある。これらの力量を、自律的学校経営という視点からみた場合、特に「コンセプチュアルスキル」「企画能力と評価能力」「形式知」「形式知と暗黙知の循環」が今後必要と考えられる。そして、これからのスクールリーダーに求められる力量の全体像を3つのレベルに分けて示すと、第1に「スクールリーダーとしての基本的力量」であり、管理職としての自覚・使命感、法規の理解と適応能力、施設・設備の管理等がある。第2に、「自律的学校経営遂行に必要な力量」であり、学校のビジョンを作る能力、学校の組織開発やマネジメント能力、学校の危機管理に関する能力、学校評価に関する能力等が含まれる。第3に「深化・発展させるべき力量」であり、リーダーシップ、教育政策・行財政・法規の体系的理解、国際社会と教育、教育理念と教育思潮に関する理解等が挙げられる。[19]

やや長い紹介になったが、こうした捉え方には与すべき点が少なくない。前述の指摘を踏まえながら、ここでは、私立幼稚園教育の明日を拓く園経営者として不可欠な経営能力について、3点示しておきたい。

　第1点は、現代の園長には、地域や子ども・子育て家庭の実態、保護者のニーズ、教職員の力量など、幼稚園が置かれている状況を的確に把握し、園固有の経営理念・基本方針や経営ビジョンを策定・計画する能力が求められているということである。具体的には、園の経営理念・基本方針の明確化・明文化、それらの教職員・保護者・地域住民への周知、教育・子育て支援の質の向上や改善（教育内容の自己点検・評価、安全管理・危機管理、苦情解決など）に向けた組織運営体制（教育マネジメント体制）の確立・充実などが挙げられる。園長の専門性として、幼稚園経営に関する専門的知識・技術、教育専門職としての高い識見及び豊かな人間性を基礎に、教育・子育て支援に対する確固たる信念や理想を持ち、その実現にかかわる経営をデザインし、実施、運営していくことが望まれる。

　第2点は、現代の園長には、経営理念、基本方針、経営ビジョンを具体化していくために、その職務遂行に係る実践的な経営能力やリーダーシップが求められているということである。ある論者の整理に依拠すれば、[20]園長の職務行動・経営行動にかかわる専門的知識・技術として、以下の2つの領域がある。まず、1つには、園長の職務遂行にかかわる領域としての、幼稚園における経営方法・戦略の策定、幼稚園経営計画、教育計画経営、人事運営、幼稚園組織管理、財務管理、事務管理、教育評価、外部関係の構築、幼稚園の安全管理・危機管理などである。そして、2つには、園長の職務遂行の基礎をなす領域としての、リーダーシップ、幼児教育政策や法・行財政、幼稚園経営分析、園経営・法人経営参加などである。こうした実践的な経営能力やリーダーシップをベースに、園長は幼児教育行政や関係機関・施設・人材と連携・協働しつつ、園の諸組織諸施設の条件整備に努めながら、園全体の取組を総合的にプロデュースし、その効果を高めることに指導力を発揮することが望まれる。

そして、第3点には、園長は、幼稚園経営を「開かれた経営」「みんなの力でともに創る経営」と位置づけ、保護者・地域住民・教職員等の教育関係者参加による経営を進めていく能力が求められているということである。既述のごとく、幼稚園は園長だけで十分に運営できるものではない。教職員に加えて保護者や地域住民の協力・援助が不可欠なのである。園長はこれまで以上に、情報開示・提供と説明責任を前提として、園経営・法人経営の透明性・公開性を高めつつ、教育関係者の経営参加を推し進め、「保育協働（または保育自治）」の契機を最大限に保障していくことが望まれる。理事会やPTA・学校評議員制度、さらには学校運営協議会制度（あるいは類似制度）などの活用をはじめ、そのあり方を検討していく必要がある。幼稚園組織を上下の権力関係（トップダウン）でとらえるのではなく、同意と納得と信頼の協働関係（ボトムアップ）を構築していくことが経営の基本である。

おわりに──「親と子が共に育つ」視点に立った幼稚園経営を──

　ある文献は記す。「職場の雰囲気を決定する上で、園長の力は大きい。園長は、少なくとも『この人の下で働くのは嫌だな』と思われるようであってはならない」[21]、「個々の能力を見つけて適切な指導をほどこし、園の経営に沿った保育者に育てることは、経営者・園長の力量にかかっているといえる。経営者・園長も謙虚に自らの姿を変えていくことが望まれる」[22]。ここには、最大の経営リソース（資源）である「ヒト」、特に保育者をどう活かすかが園経営の重要なポイントであることが示唆されている。園経営者は不断に自己変革に努めるとともに、園経営体制の改善・充実を図っていくことが大切なのである。

　最後に、これからの私立幼稚園経営はどうあるべきか、付言しておきたい。近年、子どもと家庭を取り巻く環境の変化を背景に、保護者や地域社会の多様なニーズに対応した弾力的な経営が模索されているが、現代幼稚園の新しい役割・機能として提起されている「親と子の育ちの場」という概念を踏まえ、そ

の視点に立った幼稚園経営を積極的に推進する必要がある。2005年文部科学省答申は、「幼稚園等施設における地域の人材等の活用」を課題の1つに掲げ、「親をはじめとする保護者やPTAのかかわりを、保育の『参観』から始めて、施設の行事への『参加』、さらには施設の計画の策定や外部評価等への『参画』へと高めていくことが必要である」と述べている[23]。これからの私立幼稚園経営のあり方として、園経営・法人経営における教育関係者参加を一層推し進め、保護者が子どもとともに（さらには教職員とともに）保護者あるいは一人の市民として育つ、また、保護者集団として育ちあう「協働（自治）」をきめ細かく丁寧に創造していくことが望まれる[24]。

注
1) 日名子太郎他編『幼児教育制度・管理運営論』同文書院、1986年、172頁。
2) 秋山和夫・森上史朗編『園とクラスの経営』同文書院、1991年、34頁。
3) 全日本私立幼稚園連合会「私立幼稚園教育・振興基本構想」1991年5月。
4) 同前。
5) 矢田貞行「幼稚園経営に関する基礎的考察——私立『幼稚園経営学』論考——」日本保育学会編『日本保育学会第42回大会研究論文集』1989年、214頁。
6) 同前。
7) 全国私立幼稚園連合会『平成19年度私立幼稚園経営実態調査報告』2008年2月、11頁。
8) 全日本私立幼稚園連合会、14頁。
9) 全日本私立幼稚園連合会『平成13年度私立幼稚園経営実態調査報告——満3歳児保育や預かり保育等に関する実態調査報告——』2002年3月、31頁。
10) 矢田、前掲論文、214頁。
11) 篠原清昭編著『スクールマネジメント——新しい学校経営の方法と実践——』ミネルヴァ書房、2006年、序文iii。
12) 伊藤良高『幼児教育の明日を拓く幼稚園経営——視点と課題——』北樹出版、2004年、12頁。
13) 中谷彪「現代の学校経営の意義と課題を考える」中谷彪・浪本勝年編著『現代の学校経営を考える』北樹出版、2002年、14頁。
14) 2007年6月の学校教育法一部改正により、幼稚園に、副園長、主幹教諭、指導教諭

という職を置くことができるようになった。それぞれの職務について、副園長は、「園長を助け、命を受けて園務をつかさどる」（第27条第5項）、主幹教諭は、「園長（副園長を置く幼稚園にあっては、園長及び副園長）及び教頭を助け、命を受けて園務の一部を整理し、並びに幼児の保育をつかさどる」（同条第7項）、また、指導教諭は、「幼児の保育をつかさどり、並びに教諭その他の職員に対して、保育の改善及び充実のために必要な指導及び助言を行う」（同条第8項）と定められている。こうしたなかで、園長は、これまでの教頭・主任教諭や新たな職である副園長等とともに、より組織的な園経営を担っていくことが期待されている。詳細については、伊藤良高「保育マネジメントの理論と実践」伊藤良高・中谷彪・北野幸子編『幼児教育のフロンティア』（晃洋書房、2009年）を参照されたい。

15) 小林靖子・中谷愛「学校経営と教職員」中谷彪・浪本勝年編著前掲書、37頁。
16) 矢田、前掲論文、214頁。
17) 参照：伊藤前掲書。
18) 参照：伊藤良高「保育所経営改革と保育所長の経営能力」日本乳幼児教育学会編『乳幼児教育学研究』第14号、2005年。
19) 牛渡淳「スクールリーダーの役割と力量」篠原清昭編著前掲書、43頁。
20) 小島弘道「学校管理職のマネジメント能力とは何か」『季刊教育法』第137号、エイデル研究所、2003年、8頁。
21) 全国私立保育園連盟・保育園経営ビジョン研究会『新しい保育園経営の創造――共生と共創の理念に立って――』1997年、37頁。
22) 同前。
23) 文部科学省・中央教育審議会「子どもを取り巻く環境の変化を踏まえた今後の幼児教育の在り方について――子どもの最善の利益のために幼児教育を考える――（答申）」2005年1月。
24) 参照：伊藤良高「『親と子が共に育つ』視点に立った幼稚園経営」日本教育制度学会編『教育改革への提言集〔第4集〕』東信堂、2005年。

第7章

「親と子が共に育つ」視点に立った幼稚園経営
――当面する改革の課題と展望――

はじめに――提言の背景と視点――

　近年、幼児教育（または保育）の重要性が指摘され、幼稚園教育及び幼稚園制度・経営に関する議論や改革が盛んに行われている。それは、1990年代後半以降の政府の少子化対策、子ども・子育て支援策（最近では、もう一段の取組としての次世代育成支援対策）、地方分権改革、規制緩和・改革の展開と結びついたものであるが、文部科学省「幼児教育の充実に向けて――幼児教育振興プログラム（仮称）の策定に向けて――（報告）」(2001年2月。以下、2001年文部科学省報告と略)及びそれを踏まえて策定された「幼児教育振興プログラム」(同年3月)、さらには、文部科学省「子どもを取り巻く環境の変化を踏まえた今後の幼児教育の在り方について――子どもの最善の利益のために幼児教育を考える――（答申）」(2005年1月。以下、2005年文部科学省答申と略) などにおいて、幼稚園は学校制度の一環をなす「幼児教育の専門施設」と位置づけられ、幼児教育を組織的・計画的に行う場としての幼稚園の基本を生かすなかで、地域の幼児教育センターとしての子育て支援機能を活用し、「親と子の育ちの場」としての役割・機能を充実することが求められている。

　幼稚園制度・経営論的には、"幼稚園に対するニーズの多様化"として、地域の実情に応じ、幼児教育相談の実施等地域の幼児教育センターとしての機能を活用した子育て支援活動や預かり保育の実施等幼稚園運営の弾力化を図り、社会の変化や親をはじめとする保護者と地域のニーズに柔軟に対応することが

必要とされている点が注目される。これは、ここ数年来取り組まれてきた幼稚園における子育て支援活動を踏まえつつ、文部省・中央教育審議会「少子化と教育について（報告）」(2000年4月) などで提起された、保護者を含めて地域の人々に社会全体で子どもを育てるという考え方を深め、地域で子どもを育てる環境を整備することをめざしていることが特徴的である。

　こうした議論は、1990年代に入る頃から、現代幼稚園の役割を再定位する動きのなかで、「地域に開かれた幼稚園づくり」「地域の幼児教育センター化」などをスローガンに主張されてきた。90年代半ばになると、子育て支援策とのかかわりで、保育所が未整備な地域における預かり保育等幼稚園運営の弾力化、さらには幼稚園・保育所の施設共用化などが施策として展開されるようになる。そして、近年では、子どもと家庭を取り巻く環境の変化を背景に、保護者や地域社会の多様なニーズに対応した弾力的な運営が提起されている。ある文部科学省官僚は「幼稚園のもつ教育的な機能を最大限に生かす観点から、幼稚園経営を考えていくことが必要」[1]と述べているが、幼稚園の特質を生かした形での子育て支援に積極的に対応し、「親と子の育ちの場」としての役割・機能の充実を図っていく、という新時代の幼稚園経営が模索されている。また、幼児期の家庭教育や地域での社会教育活動と一層緊密に連携した幼稚園経営への期待が高まっている。

　本章は、現代幼稚園の役割・機能の1つとして提起されている「親と子の育ちの場」という概念を踏まえ、「親と子が共に育つ」視点に立った幼稚園経営を積極的に推し進めていく必要があるという立場から、現代幼稚園経営が当面する改革の課題と展望について述べていくことを目的としている。この課題に応えるために、本章の展開は以下のようになる。まず、幼児教育を教育改革の優先課題としてとらえることの重要性について提起する。次に、「親と子が共に育つ」視点に立った幼稚園経営について、「子どもの最善の利益」「保育自治」「保育経営」をキーワードとして原理的に考察する。そして最後に、幼児教育の明日を拓く幼稚園経営を展望しつつ、現代幼稚園経営が当面する改革の

課題を提言したい。

1　教育改革の優先課題としての幼児教育

「はしがき」で述べたように、現代日本の教育をめぐる動向は、実にめまぐるしい。変化がとても早いのである。21世紀に入る頃から、教育改革は国政の最重要課題の1つと位置づけられ、「今や学校は、総過程で、変革を要求されている」という指摘もなされるほど、様々な教育改革案やプログラムに満ち溢れている。こうした傾向は今も続いており、文部科学省資料（2005年2月）は、「時代や社会の変化の中で、我が国が様々な課題を乗り越えて真に豊かで教養のある国家として更に発展していくためには、切磋琢磨しながら新しい時代を切り拓く、心豊かでたくましい日本人の育成を目指し、国家戦略として、教育のあらゆる分野において人間力向上のための教育改革を一層推進していく」と述べている。「教育の構造改革」と名打たれた今次教育改革は、①「個性」と「能力」の尊重、②「社会性」と「国際性」の涵養、③「多様性」と「選択」の重視、④「公開」と「評価」の推進、の4つの理念が掲げられ、初等中等教育、大学・高等教育、教員、教育委員会などが改革の中心分野となっている。本章が対象とする幼児教育・幼稚園教育においても、初等中等教育の一環、ないし、義務教育制度に接続するものとして、これまでにはなかった（ありえなかった）ものも含めて多種多様な改革案が提起され、それらの一部は具体化されつつある。

周知のごとく、幼児教育の今日的な課題として、主に以下の3つが指摘されている。1つは、従来に比べて子どもの育ちが何かおかしいのではないかという子どもの成長に関する懸念である。基本的な生活習慣や態度が育っていない、他者とのかかわりが苦手である、自制心や耐性、規範意識が十分育っていない、運動能力が低下している、小学校1年生などの教室において、学習に集中できない・教員の話が聞けずに授業が成立しないなど学級がうまく機能していない

状況がある、などの課題が指摘されている。2つは、地域社会の教育力・子育て力の低下である。都市化や情報化の進展によって、子どもの生活空間のなかに自然や広場などといった遊び場が少なくなる一方で、テレビゲームやインターネット等の室内の遊びが増えるなど、偏った体験を余儀なくされている。さらに、人間関係の希薄化等により、地域社会の大人が地域の子どもの育ちに関心を払わず、積極的にかかわろうとしない、または、かかわりたくてもかかわり方を知らないといった傾向が見られる。そして、3つは、家庭の教育力・子育て力の低下である。過保護や過干渉、育児不安、児童虐待など保護者と子どもの関係構築に関する問題が指摘されている。また、女性の社会進出が一般的になり、その形態も多様化してきている。仕事と子育ての両立のための支援も進められつつあるが、子育て期間については「自分にとってハンディキャップではないか」と感じてしまう保護者（特に母親）もいるとの指摘もある[4]。

　このように、子どもと家庭を取り巻く環境は、少子化、核家族化、都市化・過疎化、国際化、情報化、女性の社会進出など急速に変化してきており、これらの変化を背景として、保護者や地域社会の幼稚園に対するニーズも多様化・複雑化してきている。ある文部科学省資料（2002年6月）によれば、現代の幼稚園に対して、①幼児にとって初めての集団生活を経験する場、②家庭では得ることのできない多様な経験を得る場、さらには、③子育て相談や未就園児の親子登園、預かり保育の実施など、地域における幼児教育のセンターとしての期待が高まっている[5]。

　ところで、古くから「三つ子の魂百まで」という諺が示すように、幼児期は、大人への依存と信頼を基盤として情緒を安定させて自立に向かう時期であり、その過程で、幼児は、生活や遊びのなかで具体的な体験を通して、社会で生きるための最も基本となることを獲得していく。このような幼児期は、生涯にわたる人間形成の基礎が培われる極めて重要な時期である。従って、「我々大人は、幼児期における教育が、その後の人間としての生き方を大きく左右する重要なものであることを認識し、子どもの育ちについて常に関心を払うことが必

要である[6]」。かかる意味から、「今後は、学齢期の子どものみならず、幼児期の子どもの育ちの重要性を意識し、幼児教育を教育改革の優先課題としてとらえ、長期的な視野に立って幼児期からの取組を充実していくとともに、こうした方針に基づいて今日的な課題にも対応していく[7]」ことが求められているといえよう。しかしながら、これまで縷縷、幼児教育の大切さが唱えられながらも、教育改革のレベルでは十分な理解や位置づけ、予算を伴ってこなかったのではないだろうか。今次教育改革が、幼児教育の持つ意義や取組を十全に踏まえながら、幼児教育の機能を抜本的に強化しようとするものであるかどうか、あるいは、幼児教育を「人間形成・人格形成をめざす"教育の原点"[8]」ととらえ、幼児が人間として、社会の一員として、より良く生きるため（ウェルビーイング）の基礎を獲得していくうえで必要な施策を講じているかどうかが問われなければならない[9]。

2　「親と子が共に育つ」視点に立った幼稚園経営
——キーワードは「子どもの最善の利益」「保育経営」「保育自治」——

「親と子が共に育つ」視点に立った幼稚園経営とはどのようなものであるのか。以下では、その実現に資すると思われる3つの概念、すなわち、「子どもの最善の利益」「保育経営」「保育自治」をキーワードとして原理的に考察していきたい。

(1)　「子どもの最善の利益」と幼稚園経営

先に見た2005年文部科学省答申は、その副題を「子どもの最善の利益のために幼児教育を考える」としている。ここでの「子どもの最善の利益」は、いうまでもなく、国連・児童（子ども）の権利に関する条約（第3条）に示されている法原理であるが、同答申では、この原理の尊重を第一に考え、子どもの視点に立ち、子どもの健やかな成長を期待して、小学校就学前のすべての幼児に対する教育のあり方を提唱している。その視点に立って、幼稚園及び幼稚園教育

について次のように叙述している。すなわち、① 幼稚園は、3歳以上の幼児を対象として、「幼児を保育し、適当な環境を与えて、その心身の発達を助長すること」を目的とし（学校教育法77条）、小学校以降の生活や学習の基盤を培う学校教育の始まりとしての役割を担っている、② 幼稚園教育は、幼児期の特性に照らして、幼児の自発的な活動としての遊びを重要な学習として位置づけ、教育の専門家である教員が計画的に幼児の遊びを十分に確保しながら、生涯にわたる人間形成の基礎を培う教育を行っている。そして、今後の幼稚園等施設（保育所を含む）の方向性として、① 家庭・地域社会・幼稚園等施設の三者による総合的な幼児教育の推進、② 幼児の生活の連続性及び発達や学びの連続性を踏まえた幼児教育の充実、の2つを課題として提唱している。

　幼稚園は、幼児が環境を探索し、さらに大きな世界に踏み出していく第一歩である。多くの幼児にとって、幼稚園生活は、家庭から離れて同年代の幼児と一緒に過ごす初めての集団生活であり、教員や他の幼児と生活をともにしながら、感動を共有し、イメージを伝え合うなど互いに影響を及ぼしあい、様々な体験が積み重ねられていく。こうした幼稚園をいま概念的に定義づければ、「子ども（幼児）の『保育を受ける権利』（憲法第26条）を保障するために、教職員を配置し、施設設備を整え、教育課程を編成して、教育活動を展開していく機関」である、あるいは、「幼児教育目的を実現していく公的な機関」である、といえよう。ある論者は、「我々が幼稚園のあり方を考える場合も、子どもをいかに大切に育てるか、子どもの幸福をいかに実現するかということから出発しなければならない」[10]と述べているが、「子どもの幸福」、すなわち、すべての子どもの持つ諸能力の全面的調和的発達をめざす教育を実現しようとするという視点から、幼稚園の意義と目的を導き出そうとしている。この主張に依拠すれば、幼稚園経営とは、まさしく、そうした教育目的を効果的に達成するために、幼稚園の諸組織諸施設を管理運営することである、ととらえることができよう[11]。前述の「子どもの最善の利益」という概念も、こうしたとらえ方と軌を一にするものであるとみなすことができる。すなわち、幼稚園経営のあり方を

考える場合に、「子どもの最善の利益」が第一義的に考慮されなければならないということである。この視点に立った幼稚園経営の現状分析と問題解決が不可欠である。

(2) 「保育経営」「保育自治」と幼稚園経営

近年、筆者は、教育経営学・教育行政学等の成果を敷衍して、幼稚園経営及び保育所経営(以下、総称する時は、幼稚園・保育所経営)の理論的・実践的課題の探究とその解決に資するためのキーワードとして、「保育経営」「保育自治」という概念を提示している。[13]

前者は、保育・子育て支援の目的を効果的に達成するために、園・学校、地域社会における保育・子育て支援の営みを全体的にとらえ、子どもの人間形成と成長・発達の全過程を関連的・総合的に把握しようとするものである。図式的には、地域社会(マクロ的には教育委員会または福祉事務所単位。ミクロ的には小・中学校区)を基盤とする経営(すなわち、地域保育経営)として想定されるが、その中核的問題は、幼稚園・保育所などの公的保育制度とその経営におかれる。領域として、①幼稚園・保育所経営、②幼稚園行政を中心とする幼児教育行政及び保育所行政を中心とする保育行政(以下、総称する時は、幼児教育・保育行政)、③幼児教育・保育行政関連(保育以外の福祉、医療、保健、まちづくりなど生活環境等)行政によって構成され、保育・子育て支援の目的を効果的に達成するための諸制度・諸条件を整備し、これを連携的かつ有機的に運営する営みである。うち、幼児教育・保育行政は、この保育経営を効果的あらしめるために、国、地方公共団体、学校法人・社会福祉法人など私人が行う保育事業を、主に保育条件の整備とその運用によって果たすことが求められる。

後者は、新しい保育と幼児教育・保育行政のあり方を、保育関係者、すなわち、保護者、地域住民、保育者(広義には幼稚園教諭等教職員、保育士等職員)、幼児教育・保育行政職員の協力共同(協働)の営みとして構想し、「保育の地方自治」とそれを土台とする「園・学校自治」から構成される概念としてとらえよ

うとするものである。保育の地方自治は、地域の子育てをみんなで支えあうという考え方を基本とし、園・学校や地域の幼児教育・保育行政に対する要求権・参加権など、保護者、地域住民の監護・教育権（民法第820条等）の行使によって成り立つ。また、園・学校自治の中核には、子ども（乳幼児・学童）の「保育を受ける権利」が存在し、次いで、それを保障する保育者の職務上の自由と責務が存在する。園・学校自治は、開かれた自治であり、子どもの意見表明権（児童〈子ども〉の権利に関する条約第12条）や保護者、地域住民の要求権・参加権などが保障されねばならない。保育自治は、家庭、園・学校、地域、行政（国、地方公共団体）それぞれの役割を重視し、すべての子どもと保護者の権利を大切にする保育と幼児教育・保育行政をめざそうとするものである。

　こうした概念から、幼稚園経営及び幼児教育行政の民主的あり方として、例えば、地域における子ども・子育て支援ないし次世代育成支援ネットワークの構築や、幼児教育行政または幼稚園経営（園経営・法人経営）における幼児教育関係者（保護者、地域住民、保育者）参加、もしくは、保護者・地域住民による園支援などが実現すべき課題として導き出される。

　すでに述べたように、新時代における幼稚園のあり方として、幼稚園運営の弾力化を図り、地域の幼児教育センターとしての子育て支援機能を活用し、「親と子の育ちの場」としての役割・機能を充実することが課題の１つとされている。その嚆矢をなしたのは、2001年文部科学省報告であるが、そこでは、幼稚園が「親と子の育ちの場」となることが期待される、として、次のように記している。「幼稚園においては、適切な教育課程を編成し、幼児期にふさわしい教育を行う基本的な観点が重要である。これとともに、子どもと触れ合う経験が乏しかったり、周囲に子育てに関する相談相手のない保護者や、仕事の都合上、日頃子どもと接する機会が少ない保護者が、もっと子育てにかかわり、子どもと豊かな関係を持てるよう働きかけるという意味で、『保護者自身が保護者として成長する場を提供していく』という視点が重要となっている」。そして、具体的な方法・手立てとして、保護者が、幼稚園での保育参観や保育参

加により自分の子ども以外の子どもにかかわることを通して、自分の子どもが普段見せない一面を知る、子どもとの関係をより立体的・多面的にとらえ直すことなどを示している。

　こうした視点は、2005年文部科学省答申においてさらに強調されている。すなわち、同答申は、「幼稚園等施設において行われている子育て支援や幼稚園における預かり保育の取組を、家庭の教育力の再生・向上、『親と子が共に育つ』という教育的視点から改めて整理し、充実を図る」と述べ、幼稚園等を利用している幼児の家庭に対する支援の推進及び幼稚園等施設を利用していない子どもを育てる家庭の教育力向上を課題として挙げている。その方法として、前者については、子育てに対する相談の実施、情報提供、親子参加型の事業等の実施などが、後者については、親子登園、園庭開放や子育て相談の実施などが例示されている。また、幼児教育を支える基盤等の強化策の１つとして、「幼稚園等施設における地域の人材等の活用」を掲げ、「親をはじめとする保護者やPTAのかかわりを、保育の『参観』から始めて、施設の行事への『参加』、さらには施設の計画の策定や外部評価等への『参画』へと高めていくことが必要である」と述べている。さらに、就学前の教育・保育を一体として捉えた一貫した「総合施設（仮称）」について、「地域に開かれた総合施設」をめざして、「保護者や地域住民に対してもボランティア等として総合施設の運営への積極的な参画を働き掛けていくことが望まれる」などと提案している。

　同答申では、幼児教育行政への保育関係者参加の促進など「保育経営」に関する記述はほとんどなされていないものの、上述の諸提案・方法は「保育自治」に繋がっていくと期待される部分が少なくない。現代の幼稚園経営を考える視点として、園経営・法人経営における保育関係者参加を推し進め、保護者が子どもとともに（さらには保育者とともに）、保護者あるいは一人の社会人として育つ、または、保護者集団として育ちあう「自治」の契機を最大限に保障していくことが必要である。

3 当面する改革の課題と展望

　以下では、幼児教育の明日を拓く幼稚園経営を展望しつつ、「親と子が共に育つ」視点に立った幼稚園経営を積極的に推し進めていくという立場から、現代幼稚園経営が当面する改革の課題を3つの側面から提言したい。

(1) 幼稚園教育の質的向上と幼稚園の教育環境の整備確立

　第1には、幼稚園教育の根幹をなす教育内容・方法等幼稚園教育の質的向上及び教員・施設・財政等教育環境の整備確立に関する改革課題である。2001年文部科学省報告は、幼稚園の教育活動・教育環境の充実策として、① 幼稚園教育要領の理解の促進、② 道徳性の芽生えを培う教育の充実、③ 満3歳児入園の条件整備、④ ティーム保育の導入・実践のための条件整備、⑤ 幼稚園教員の資質向上、⑥ 幼稚園の施設整備の推進、⑦ 幼稚園就園奨励事業の充実、を掲げ、「教育課程編成の基本についての共通理解の推進、それに基づく教育活動の十全な展開とこれを支える幼稚園全体の教職員の協力体制、各教員の資質の向上等人的環境の充実、さらには、多様な教育活動のための施設空間の確保等の物的環境の確保、幼稚園教育に係る保護者の経済的負担の軽減、といった課題に早急に取り組む必要がある」と述べている。上記施策のうち、筆者が熊本県内の私立幼稚園を対象に実施した調査（2002年8～9月）によれば[14]、幼稚園現場ではとりわけ、③、④、⑤、⑦に対する関心が高い。しかし、例えば、施策の目玉とされる④を見ても、ある論者の言葉を借りれば、「一クラス35人以下、クラス担任1名という現行システムを前提に、僅かの補助金と保育実践上の工夫のみで実際の対応を求める」[15]ものにすぎず、「『報告書』に掲げられた理想と現実の間には極めて大きな溝がある」[16]といわざるを得ない。私立幼稚園経営者の1人はこう語っている。「ティーム保育の方向性を国が打ち出したことは大変大きな意味がある。当初は期待するほどの予算でなくても、この提案

を幼稚園界がいかにきちんと受けとめ、実践していくかが問われる」[17]。こうした最前線の現場の思いがかなうような十分な財源保障を伴った施策が展開されていく必要がある。

　2005年文部科学省答申では、幼児教育の充実のための具体的方策として、「幼稚園等施設の教育機能の強化・拡大」を掲げ、例えば、発達や学びの連続性を踏まえた幼児教育の充実策として、「小学校教育との連携・接続の強化・改善」などを掲げている。また、幼児教育を支える基盤等の強化策として、「幼稚園における自己評価・外部評価と情報提供等の推進」などを挙げている[18]。近年、幼稚園教育の水準向上、ないし、幼稚園教員の資質向上が改革課題とされ、上記の類の施策が提案・実施されつつある。しかし、同答申では、「幼稚園教員の養成・採用・研修等の改善」など、幼稚園教員の資質・専門性の向上については取り上げているものの、職員配置や施設設備といった幼稚園の教育環境の整備のあり方については、「今後更に専門的・技術的な検討が必要である」と述べるにとどまっている。幼児の発達段階や子ども一人一人の特性に応じたきめ細かい教育を行う観点から、幼稚園教育の質的向上を図るとともに、それを実現しうる、教員・施設・財政等教育環境の整備確立（例えば、「1学級の幼児数35人以下」など、新時代の幼稚園教育にそぐわない幼稚園設置基準の抜本的改善）が不可欠である。

(2)　地域保育経営の視点に立った公的保育制度の整備拡充

　第2には、地域保育経営の視点に立った公的保育制度の整備拡充に関する改革課題である。すでに述べたように、「保育経営」とは、保育・子育て支援の目的を効果的に達成するために、家庭、園・学校、地域社会におけるあらゆる保育・子育て支援の営みを全体的にとらえ、子どもの人間形成と成長・発達の全過程を関連的・総合的に把握しようとするものである。この保育経営は、類似する「教育経営」概念と同様、直接的には地域社会を基盤とする経営として想定され、かかる意味で、「地域保育経営」とも称される。

地域保育経営には、次のような基本的原則ないし視点が踏まえられる必要があろう。1つには、幼児教育・保育行政の中心的な実施主体は、地域に最も身近な市町村（広域行政を含む）であるべきであるということである（幼稚園児の保育の約8割を担う私立幼稚園に係る事務は都道府県知事が所管していることが多いが、公立・私立の幼稚園等施設を通じた行政体制、ないし、幼稚園教育事務に係る都道府県・市町村の役割のあり方が議論となっている）。市町村は子ども・子育て支援ないし次世代育成支援のための総合的な地域計画を策定・実施し、地域の実情や保護者・地域住民の保育・子育て支援ニーズに適応した保育経営に努めていく必要がある。その際、幼児教育・保育行政の地方自治原則が尊重され、自治の財政的裏づけの保障が十分に図られねばならない。2つには、地域における子ども・子育て支援ないし次世代育成支援システムの構築という視点である。今日の多様化した保育・子育て支援ニーズに応え、複雑化した子ども・子育て問題に対応していくためには、一定地域を単位とする、縦横かつ双方向的に組まれたネットワーク（子育てNPO、子育てサークル、各種ボランティア団体を含む）で解決していく方途が不可欠である。そして、3つには、地域の公的保育制度の整備・充実を中心に図られるべきであるということである。保育・子育て支援は公共的な性格を強く持つ営みであり、"公共性・純粋性・永続性"を体現する幼稚園・保育所を中核とした保育制度の整備拡充が求められる。「"貧しい"保育所関係予算に比べても桁違いに少ない」[19]幼稚園関係予算、なかでも、数年来"赤信号状態"と称される逼迫した私立幼稚園財政を根本的に解消していくことが不可欠である。

ところで、近年、地域保育経営をめぐる動きの1つとして、多様化する子育てニーズに対応するため、地域の子育て支援を効果的に活用することが重要な課題とされ、幼稚園・保育所の施設共用化等による連携強化や一体的運営の推進、さらには、これらに係る施設の総合化を図ることが求められてきた（最近では、「幼稚園と保育所の一元化」「新しい児童育成のための体制整備」（「総合施設」はこの具体化の一環）などが提唱されている）。こうした動きをどのように見るのか。すで

に他の論者から批判が出されているように、1990年代後半以降の前記に係る政府の議論や幾つかの地方公共団体の改革動向は、主に財政的負担の軽減や施設運営の効率化の側面から提起されたものであることを否定できないのである[20]。問題は、そうした議論や取組が、子どもの「保育を受ける権利」（または、子どもの最善の利益）や保護者の権利（勤労権、社会参加権、人間性の尊重確立）の十全な保障をめざすことを前提としているか否かである。子ども・子育て支援のための新たな地域総合計画である、次世代育成支援対策推進法（2003年7月）に基づく地方公共団体「行動計画」や児童福祉法一部改正法（同）による同「保育計画」（待機児童解消）などが、その実施・推進にあたって、幼児教育の充実について十分に配慮するとともに、地域保育経営の視点に立った公的保育制度の整備拡充に努めていくことが求められている。

(3) 園経営・法人経営における幼児教育関係者の参加・協働の推進

第3には、園経営・法人経営における幼児教育関係者（ここでは、保護者、地域住民）の参加・協働の推進に係る経営課題である。すでに述べたように、「地域に開かれた幼稚園づくり」「地域の幼児教育センター化」などがスローガンとされ、関連する施策として、①幼稚園運営の弾力化、②預かり保育の推進、③子育て支援活動の推進、④異年齢・異世代交流の促進が掲げられ、うち、例えば③では、教育専門家による子育て相談、カウンセラーによる子育てカウンセリング、子育てシンポジウム、保護者の交流のための井戸端会議、未就園児の親子登園、園庭・園舎の開放、子育てだより等子育て情報の提供、子育てサークル等の支援などの取組が求められてきている。

この課題について、ある幼稚園経営論研究書は"園と家庭、地域との連携"と題して、「保護者との信頼関係」「近隣とのよい関係」を方針に、日常保育のなかでの連絡や園だよりなどの文書、面談、会合、行事への参加、園庭・園舎開放、老人ホームとの交流などを例示している[21]。また、別の実務書は、"保護者や地域の人々の保育参加"の項で、誕生日会への保護者の参加とその後の交

流、地域の人々(高齢者)の参加についての事例を紹介している[22]。これらの文献に見られるように、これまで幼児教育現場では、保護者・地域住民のニーズ・要望を取り入れつつ、できる限り協働的に運営していこうとする努力が続けられてきており、注目すべき実践も少なくない。しかしながら、これまで園運営・法人経営、特に園の経営理念や基本方針、経営ビジョンの策定・実施・検討・評価過程(いわゆるPDCAサイクル)における保護者・地域住民参加を促すという視点が十分とはいえず、「開かれた経営」「みんなでともに創り上げていく経営」をめざして、PTAや学校評議員といった制度も含め、そのあり方を検討していく必要がある(最近は、その負担感から、PTAがない園を選ぶ保護者もあり、やむなくPTA活動を縮小する、ないし、そのものを廃止する園も出てきているらしいが)[23]。うえの点に関して、2005年文部科学省答申は、こう述べている。「地域に開かれた信頼された幼稚園とするため、公立・私立の幼稚園において学校評議員制度を積極的に活用することが必要である。また、同様の趣旨から、公立学校においては地域の実情に応じて学校運営協議会制度の活用も検討されることが望まれるとともに、制度の趣旨にかんがみ、私立幼稚園や他の施設においても、同様の取組が行われることが期待される」。既述のごとく、同答申は、「参画」という言葉を用いて、地域の教育資源としての保護者(卒園児の保護者も含む)、または、PTAのより積極的な経営参加を推奨しており、参加・協働の形態やその具体的あり方が注目される。

お わ り に ── 提言のまとめ ──

本章は、幼児教育の明日を拓く幼稚園経営を展望しつつ、現代幼稚園経営が当面する改革課題について提起したものである。現代幼稚園経営改革に関する筆者の提言を端的にまとめれば、以下のようになる。

〔提言1〕「親と子が共に育つ」視点に立った幼稚園経営を積極的に推し進

める
〔提言2〕 幼児教育を教育改革の優先課題としてとらえる
〔提言3〕 「子どもの最善の利益」「保育経営」「保育自治」をキーワードとする経営改革を
〔提言3〕 幼稚園教育の質的向上と幼稚園の教育環境の整備確立を
〔提言4〕 地域保育経営の視点に立った公的保育制度の整備拡充を
〔提言5〕 園経営・法人経営における幼児教育関係者の参加・協働の推進を

注
1） 神長美津子「刊行に寄せて」全国国公立幼稚園長会編『新しい時代を拓く幼稚園運営のポイントQ&A』ぎょうせい、2002年。
2） 中谷彪・浪本勝年「はしがき」中谷彪・浪本勝年編著『現代の学校経営を考える』北樹出版、2002年。
3） 文部科学省「中央教育審議会総会第47回における文部科学大臣あいさつ」(2005年2月15日)。
4） 参照：文部科学省・中央教育審議会「子どもを取り巻く環境の変化を踏まえた今後の幼児教育の在り方について――子どもの最善の利益のために幼児教育を考える――(答申)」2005年1月。
5） 文部科学省・幼稚園教員の資質向上に関する調査研究協力者会議「幼稚園教員の資質向上について――自ら学ぶ幼稚園教員のために――(報告)」2002年6月。
6） 文部科学省・中央教育審議会、前掲資料。
7） 同前。
8） 全日本私立幼稚園連合会「私立幼稚園教育・振興基本構想」1990年5月。
9） 参照：① 文部科学省・中央教育審議会、前掲資料、② 桑原敏明「早幼児期における発達・学習支援制度の構築を」日本教育制度学会編『教育改革への提言集』東信堂、2002年、③ 秋川陽一「子育て支援をめぐる幼児教育制度の改革課題」日本教育制度学会編『教育改革への提言集〔第2集〕』東信堂、2003年、③ 藤井穂高「公立幼稚園という問題」日本教育制度学会編『教育改革への提言集〔第3集〕』東信堂、2004年、他。
10） 中谷彪『幼稚園の制度と歴史』家政教育社、1982年、215頁。
11） 参照：伊藤良高『幼児教育の明日を拓く幼稚園経営――視点と課題――』北樹出版、2004年、11-12頁。

12)　「教育自治」に関する先行研究として、例えば、①鈴木英一他編『教育と教育行政——教育自治の創造をめざして——』勁草書房、1992年、②坪井由美他編『資料で読む教育と教育行政』勁草書房、2002年、③榊達雄編著『教育自治と教育制度』大学教育出版、2003年、などにおける諸論稿が参考になる。

13)　参照：①伊藤良高『〔増補版〕現代保育所経営論——保育自治の探究——』北樹出版、2002年（旧版は1999年）、②伊藤良高『保育所経営の基本問題』北樹出版、2002年、③伊藤良高他編『現代の幼児教育を考える』北樹出版、2003年、④伊藤前掲書（注11）。

14)　参照：伊藤前掲書（注11）、81-129頁。

15)　加藤繁美「幼稚園政策の動向と幼・保問題」全国保育団体連絡会・保育研究所編『保育白書』2001年版、草土文化、98頁。

16)　同前。

17)　伊藤、前掲書（注11）、18頁。

18)　この点について、2005年文部科学省答申は、「幼稚園においては、その教育の水準の維持・向上のため、子どもの健やかな成長を保障する観点から、自己点検・自己評価を充実するとともに、関係者による評価や第三者評価等、外部からの評価の導入を検討していくことが必要である。また、自己評価等の結果の公表等、保護者や地域への情報提供、情報公開に努めることが望まれる」と記している。ここでは、保護者・地域住民の理解・協力をめざし、情報提供・情報公開と説明責任（アカウンタビリティ）がキーワードとされている。近年の保育所・児童福祉施設等における同様の動向を踏まえながら、その在り方を検討していくことが今後の課題である。

19)　林若子「文部科学省における子育て支援策と幼稚園——幼保問題も含めて——」全国保育団体連絡会・保育研究所編『保育白書』2002年版、草土文化、137頁。

20)　伊藤前掲書（注11）、147-48頁。

21)　松丸令子「園と家庭・地域との連携」秋山和夫・森上史朗編『園とクラスの経営』同文書院、1991年、102-14頁。

22)　全国国公立幼稚園長会編、前掲書、88-91頁。

23)　全日本私立幼稚園連合会『私幼時報』第215号、2002年5月号、2頁。

あ と が き

　本書に収録した各論稿の出所について、簡単に説明しておきたい。本書は、以下に示すように、ここ数年、筆者が幼児教育、幼稚園について執筆してきた論稿のうち、本書のテーマにふさわしいものを選んで組み直したものである。大半の論稿が学会誌や会員誌に掲載されたため、一般には容易に入手しがたいものである。刊行にあたり、必要に応じて加筆修正するとともに、最新の資料やデータに置き換えるなど、工夫を凝らした。

　第1章「新時代の幼児教育——理念と構造——」は、伊藤良高、中谷彪、北野幸子編『幼児教育のフロンティア』（晃洋書房、2009年）所収のものである。

　第2章「私立幼稚園経営の現状と課題」は、社団法人・私学経営研究会『私学経営』第372号（2006年2月）に、連載「現代私立幼稚園の経営改革・第1回」として掲載されたものである。

　第3章「幼稚園制度・経営改革と私立幼稚園」は、社団法人・私学経営研究会『私学経営』第376号（2006年6月）に、連載「現代私立幼稚園の経営改革・第2回」として掲載されたものである。

　第4章「幼稚園・保育所の一体化・一元化と私立幼稚園」は、社団法人・私学経営研究会『私学経営』第380号（2006年10月）に、連載「現代私立幼稚園の経営改革・第3回」として掲載されたものである。

　第5章「認定こども園制度と幼児教育・保育行政の連携」は、日本教育行政学会編『日本教育行政学会年報』第34号（教育開発研究所、2008年10月）に「幼稚園・保育所の『一体化』『一元化』と幼児教育・保育行政の連携——認定こども園制度を中心に——」と題して掲載されたものである。

　第6章「私立幼稚園経営改革と園経営者の経営能力」は、社団法人・私学経営研究会『私学経営』第384号（2007年2月）に、連載「現代私立幼稚園経営改

革・第4回」として掲載されたものである。

　第7章「『親と子が共に育つ』視点に立った幼稚園経営——当面する改革の課題と展望——」は、日本教育制度学会編『教育改革への提言集〔第4集〕——改革はここから——』（東信堂、2005年12月）に掲載されたものである。

　各論稿は書かれた時期やねらいが異なるため、体系的ではなかったり、重複していたりする部分もあるが、親と子のウェルビーイング（幸福）や子ども・保護者・保育者の「権利」としての幼児教育の実現という視点から、新時代における幼児教育と幼稚園のあり方を探究しようとしている点においては共通している。その思いがどの程度まで達成されているかは、賢明な読者諸氏の判断に委ねるしかない。

　本書が、保育を学び、実践し、関心を持つ学生・保育者・市民の間で、これからの幼児教育と幼稚園を考える際のヒント、素材ともしていただけるなら、望外の喜びとするところである。

伊　藤　良　高

索　引

〈ア　行〉

アカウンタビリティ → 説明責任
預かり保育　15, 17, 27, 30
生きる力　27
育児不安　14, 78
1.57ショック　3
ウェルビーイング　61, 79
失われた育ちの機会　15
園長　67
園務　67
親が育てば子も育つ　65, 76
親子登園　30, 83
親と子が共に育つ　30
親と子の育ちの場　5, 28, 65, 75, 82
オンリーワンの教育　19

〈カ　行〉

核家族化　14, 17
学級崩壊　31
学校運営協議会制度　21, 71, 88
学校教育法　1, 9, 61
　　──施行規則　33
学校経営　65
学校指導者 → スクールリーダー
学校評価　8
学校評議員制度　21, 71, 88
学校法人　27, 81
家庭教育　7
監督　67
義務教育　7
教育　2, 60
教育委員会　54, 81
教育改革国民会議　6
旧・教育基本法　1, 6
教育経営　14
教育三法　8
教育職員免許法　67
教育振興基本計画　4

教育振興基本計画について　55
教育の機会均等　48
教育の構造改革　77
教育福祉　58
教育マネジメント → 教育経営
教育マネジメント体制　70
教育を受ける権利　1
教員給与　18
教師のなかの教師　67
教職の先輩　67
共同保育所　3
キンダーガルテン・アイデンティティ　65
経営者の育成　64
経営責任　68
経営戦略　65
経営ビジョン　70
建学の精神　19
構造改革特別区域法　21
子育てNPO　86
子育てサークル　20, 86
子育て支援　16
子育てシンポジウム　20
子育て相談　15
子ども家庭福祉　61
子ども・子育て応援プラン　32
子どもの幸福　80
子どもの最善の利益　5, 79
子どもを取り巻く環境の変化を踏まえた今後の
　　幼児教育の在り方について　28
今後も続く赤信号　19

〈サ　行〉

参画　11, 72, 83
3歳までは母親が家庭で　3
自己評価　33
次世代育成支援　4
　　──対策推進法　87
時代の変化に対応した今後の幼稚園教育の在り
　　方について　27

児童虐待　14, 78
児童の権利に関する条約　9, 79
児童福祉施設最低基準　43
児童福祉法　1, 9, 52
社会福祉法人　39, 81
就学前教育　4
就学前の子どもに関する教育，保育等の総合的な提供の推進に関する法律　37, 47
小1プロブレム　31
少子化と教育について　76
少子高齢化　3
職員会議　10
私立学校振興助成法　3, 52
私立幼稚園　25, 63
私立幼稚園教育・振興基本計画　25
人格の完成　1, 7
新待機児童ゼロ作戦　49
スクールリーダー　68
生活科　32
生活の連続性　29
説明責任　34
全日本私立幼稚園連合会　18, 64
全面的調和的発達　80
総合的な学習の時間　32

〈タ 行〉

第三者評価　33
第3の制度　41, 50
男女共同参画　14
地域に開かれた幼稚園づくり　20, 76, 87
地域の幼児教育センター　29
地域保育経営　81
直接契約制　37
ティーム保育　19, 84

〈ナ 行〉

日本国憲法　1
認可外保育施設　42, 53
認定こども園　4, 21, 37, 64

〈ハ 行〉

発達や学びの連続性　29

PTA　21, 71
PDCAサイクル　21, 88
開かれた経営　21, 71
副園長　8, 67
福祉事務所　81
保育　2, 4, 5, 60
保育一元化　58
保育協働　71
保育経営　59, 81
保育参加　11, 87
保育士　10
保育自治　11, 59, 81
保育者の職務上の自由　10
保育所　2
保育所運営費　44
保育所緊急整備5か年計画　2
保育所保育指針　3, 4, 41
保育所保育指針解説書　11
保育に欠ける　2, 41, 45
保育の権利　9, 47, 49, 58
保育の地方自治　81
保護者　9
ボトムアップ　71

〈マ 行〉

マネジメント能力　68
満3歳児入園　19
三つ子の魂百まで　78
魅力ある幼稚園づくり　65
みんなの力でともに創る経営　21, 71

〈ヤ 行〉

幼児　4
幼児学校　3
幼児期　5
幼児期からの人間力向上　7, 29
幼児期の教育　7, 61
幼児教育　4, 5
幼児教育振興プログラム　5, 28
幼児教育の牽引力　15
幼児教育の充実に向けて　5, 27
幼児教育の専門施設　5

索　引

幼小一貫教育　　45
幼稚園　　2
幼稚園教育から幼児教育へ　　28
幼稚園教育振興計画　　2
幼稚園教育の振興について　　26
幼稚園教育要領　　2, 4, 19, 26, 41
幼稚園教諭　　10
幼稚園経営　　64
幼稚園就園奨励費　　3
幼稚園設置基準　　2, 33, 43, 85
幼稚園等施設　　5

幼稚園に明日はあるか　　25
幼稚園の保育所化　　38
幼年期教育　　32
幼保一元化　　43, 58
幼・保・小連携　　31
幼保連携型　　42
幼保連携推進室　　54

〈ラ　行〉

理事会　　10, 71
リーダーシップ　　69

《著者紹介》

伊藤 良高（いとう よしたか）
　1954年　大阪府に生まれる
　1982年　名古屋大学大学院教育学研究科博士後期
　　　　　課程単位認定
　専　攻　保育学・教育学（保育制度・経営論）
　現　在　熊本学園大学社会福祉学部教授，桜山保
　　　　　育園理事長，博士（教育学）

主要著書
『〔新版〕子どもの環境と保育――少子社会の育児
　・子育て論――』（北樹出版，2001）
『〔増補版〕現代保育所経営論――保育自治の探究――』（北樹出版，2002）
『保育所経営の基本問題』（北樹出版，2002）
『資料で読む教育と教育行政』（共著，勁草書房，2002）
『教育自治と教育制度』（共著，大学教育出版，2003）
『幼児教育の明日を拓く幼稚園経営――視点と課題――』（北樹出版，2004）
『現代教育のフロンティア』（共編，晃洋書房，2005）
『教育基本法のフロンティア』（共編，晃洋書房，2006）
『〔改訂新版〕現代の幼児教育を考える』（共編，北樹出版，2007）
『学校教育のフロンティア』（共編，晃洋書房，2007）
『子ども家庭福祉のフロンティア』（共編，晃洋書房，2008）
『幼児教育のフロンティア』（共編，晃洋書房，2009）
『保育制度改革と保育施設経営』（風間書房，2011）
『保育ソーシャルワークのフロンティア』（共編，晃洋書房，2011）ほか多数

　　　　新時代の幼児教育と幼稚園
　　　　　――理念・戦略・実践――

| 2009年4月10日　初版第1刷発行 | ＊定価はカバーに |
| 2011年11月25日　初版第2刷発行 | 表示してあります |

　　　　　　　　　　著　者　伊　藤　良　高ⓒ
　著者の了　　　　　発行者　上　田　芳　樹
　解により
　検印省略　　　　　印刷者　青　木　知　己

　　　　　　　　　　　　株式
　　　　　発行所　　　会社　晃　洋　書　房

　　　〒615-0026　京都市右京区西院北矢掛町7番地
　　　　　　　電　話　075(312)0788番(代)
　　　　　　　振替口座　01040-6-32280

　　　　　　　　　印刷　（株）合同印刷
　　　　　　　　　製本　（株）藤沢製本

ISBN978-4-7710-2053-5

伊藤良高・中谷彪 編
子ども家庭福祉のフロンティア
A5判 120頁
定価 1,365円

中谷彪・伊藤良高・大津尚志 編
教育基本法のフロンティア
A5判 124頁
定価 1,365円

中谷彪・伊藤良高 編
学校教育のフロンティア
A5判 134頁
定価 1,365円

中谷彪・伊藤良高 編
現代教育のフロンティア
A5判 114頁
定価 1,365円

中谷彪・碓井岑夫 編
生徒指導のフロンティア
A5判 110頁
定価 1,365円

中谷 彪 著
子育て文化のフロンティア
——伝えておきたい子育ての知恵——
A5判 126頁
定価 1,365円

中谷 彪 著
教 育 風 土 学
——牧畜肉食文化と稲作農耕文化の教育問題——
A5判 202頁
定価 2,100円

ローレンス・A.クレミン著／中谷彪・中谷愛 訳
アメリカ教育史考
——E.P.カバリー教育史の評価——
四六判 116頁
定価 1,050円

中谷 彪・小林靖子・野口祐子 著
西 洋 教 育 思 想 小 史
四六判 102頁
定価 1,050円

レイモンド E.キャラハン著／中谷彪・中谷愛 訳
アメリカ教育委員会と教育長
A5判 136頁
定価 1,365円

中谷 彪 著
信頼と合意の教育的リーダーシップ
——『日暮硯』に学ぶ学校経営の真髄——
A5判 168頁
定価 1,785円

晃 洋 書 房